KB006747

1위 사고

후발주자도
압도적인 속도로
성과를 내는
심플한 습관

1위 사고

앤커재팬 대표이사 CEO **엔도 아유무** 지음

정문주 옮김

시그마북스
Sigma Books

1위 사고

발행일 2023년 11월 20일 초판 1쇄 발행
지은이 엔도 아유무
옮긴이 정문주
발행인 강학경
발행처 시그마북스
마케팅 정제용
에디터 최윤정, 최연정, 양수진
디자인 김문배, 강경희

등록번호 제10-965호
주소 서울특별시 영등포구 양평로 22길 21 선유도코오롱디지털타워 A402호
전자우편 sigmabooks@spress.co.kr
홈페이지 http://www.sigmabooks.co.kr
전화 (02) 2062-5288~9
팩시밀리 (02) 323-4197
ISBN 979-11-6862-183-1 (03320)

$$\text{성과} = \frac{\text{인풋} \times \text{사고 횟수} \times \text{시행 횟수}}{\text{시간}} \times \text{미션} \times \text{가치}$$

차례

프롤로그

이 책을 손에 든 독자 여러분은 어떤 사람일까?

"나 자신을 성장시켜 최고가 되겠어."

"회사를 성장시켜 업계 1위로 만들어 보겠어"

라고 생각하는 쪽일까?

아니면,

"애초에 1위를 차지하는 게 무슨 의미가 있지?"

"이렇게 늦게 시작해서 1위에 오르는 건 무리야!"

라고 생각하는 사람일까?

둘 중 어느 쪽이든 이 책을 다 읽을 때쯤에는 자신의 변화를 실감하게 될 것이다. 나는 이 책에 **1위를 하는 재미, 후발주자라도**

1위를 거머쥘 수 있는 재현성 있는 방법을 모조리 공개한다.

나, 엔도 아유무는 앤커 그룹의 일본 법인인 앤커재팬 주식회사의 대표이사 CEO다. 앤커 그룹은 세계 1위의 보조배터리 브랜드 '앤커', 오디오 브랜드 '사운드코어', 스마트홈 브랜드 '유피(Eufy)', 프로젝터 브랜드 '네뷸라(Nebula)' 등을 중심으로 미국·일본·유럽을 비롯한 세계 100여 개국에서 사업을 전개 중인 하드웨어 업체다.

앤커재팬은 2013년 1월, 아무것도 없는 상가 건물 한구석에서 태어난 회사다. 첫해 매출은 약 9억 엔이었지만, 8년 뒤 2021년에는 **매출 300억 엔**을 달성하면서 보조배터리, 충전기 부문에서 **일본 내 온라인 점유율 1위***를 차지했다.

앤커재팬이 진출한 시장은 '3LOW(Low Passion 소극적인 구매 태도, Low Recurring Rate 낮은 재구매율, Low Everage Selling Price 낮은 평균 판매 가격)' 라고 평가받는 지극히 어려운 시장이었다. 그런 시장에 배터리, 충전기 같은 이른바 일용품으로 뛰어들어 점유율 1위까지 성장

---

* 출처는 글로벌 시장조사 회사인 유로모니터 인터내셔널(Euromonitor International)이 2020년 소매판매액을 기준으로 2021년 11월에 실시한 조사 결과. 보조배터리 브랜드는 소매 매출의 75% 이상을 휴대전화 충전기 제품이 차지하는 브랜드로 정의했다. 휴대전화 충전기 제품에는 충전기, 무선충전기, 보조배터리, 충전 케이블이 포함되며 이 제품들은 다른 가전기기에도 사용할 수 있는 것으로 잡았다.

해왔다.

'어려운 선택'을 했으면서도 앤커재팬이 계속 잘 나가는 이유는 무엇일까? 그 비밀을 읽어내는 키워드가 '1위 사고'다. **후발주자라도 역전을 가능케 하는 사고법** 말이다. 이는 비즈니스 퍼슨부터 경영자, 나아가 스포츠나 취미 등 폭넓은 분야에서 활용할 수 있다.

사실 나는 우리 회사 경영 외에도 몇몇 회사를 돕고 있는데(사외이사나 고문 등), 거기서도 '1위 사고'가 나타나는 것을 확인하며 성과를 올리고 있다.

1위는 즐겁다. 나는 우리 회사가 취급하는 제품 카테고리의 대부분이 시장점유율 1위를 차지하는 것을 보며 느낀 바가 있다. 1위는 보이는 경치, 할 수 있는 일이 남들과 완벽히 다르다는 것이다. 2위 이하는 아무래도 1위를 의식한 전략을 취하게 된다. '어떻게 하면 1위를 이길 수 있을까?' 하는 발상과 전략으로 흐르기 쉽다.

하지만 1위는 선도 브랜드로서 업계 전체를 어떻게 확장할지를 생각할 수 있다. 한 단계든 두 단계든 남보다 높은 위치에서 업계 전체를 조망하고, 업계를 어떻게 진화시킬 것인지, 고객이 온전히 반기는 상품과 서비스는 무엇인지를 고민할 수 있다. 그런 시간이 늘어나니 무엇보다 즐겁다.

내가 목소리 높여 전달하려는 메시지는 '1위는 극소수의 천재만이 오를 수 있는 자리가 아니다'라는 것이다.

후발주자라도 충분히 만회할 수 있고, 기회는 모두에게 있다.

나는 27세에 뭣도 모르고 앵커재팬에 입사했다. 대졸 신입으로 회계법인의 컨설턴트로 입사했다가 사모 펀드(PE)를 거쳐 외국계 제조사(앵커재팬)로 이직했다. 상당히 드문 이력의 소유자라고 할 수 있다.

하지만 나는 천재가 아니다. 나중에 언급하겠지만, 대학입시에도 실패한 적이 있다. 컨설팅이나 펀드 쪽에는 나보다 우수해 보이는 사람이 많았다. 그들에 비하면 나는 평범한 사람이었다. 그렇다 보니 몸으로 익힌 '1위 사고'를 실천함으로써 27세에 입사, 33세에 앵커 그룹 최연소 임원, 34세에 앵커재팬 대표이사 CEO라는 실적을 쌓을 수 있었다고 생각한다. 입사 이후, 실적도 점점 좋아지고 있다(도표 1).

이 책에서 나는 **누구나 1위가 될 수 있는 여섯 가지 단순한 습관**을 소개한다.

도표 1. **앤커재팬의 매출 추이**

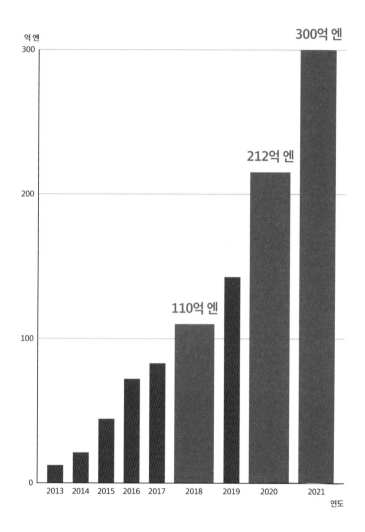

억 엔

300억 엔

300

212억 엔

200

110억 엔

100

0

2013 2014 2015 2016 2017 2018 2019 2020 2021

연도

1 전체 최적의 습관

2 가치를 창출하는 습관

3 배우는 습관

4 인수분해 습관

5 마지막 1%에 집착하는 습관

6 게으름 피우는 습관

1위를 하는 회사는 '**성과의 공식**'으로 나타나는 성과를 내는 구성원들의 집합체다. 구성원들이 힘을 발휘하면 회사가 성장하고, 회사가 성장하면 구성원들의 역량도 커진다. 아래는 내가 만든 '성과의 공식'인데, 이 공식이 의미하는 바는 단순명료하다.

성과의 공식

$$\text{성과} = \frac{\text{인풋} \times \text{사고 횟수} \times \text{시행 횟수}}{\text{시간}} \times \text{미션} \times \text{가치}$$

성과를 올리려면 끊임없이 사고하고 계속해서 행동해야 한다. 그리고 그 과정에는 속도감이 있어야 한다. 하지만 이것만으로는 부족하다. '**미션×가치**'도 중요한데 이는 조직문화에 적합한지를 나타낸다.

개인 사업자나 창업자는 스스로 미션과 가치를 생각하고 성취를 향해 걷지만, 사람들은 대부분 어떤 조직에 속해 있다. 그 안에서 성과를 올리려면 미션과 가치에 대한 공감까지 필요하며, 이 공감이야말로 성과를 올리는 열정으로 이어진다.

이 책의 구성은 다음과 같다.

제1장 '**전체 최적의 습관**'이란, 구성원 모두가 '회사를 위한 최선의 선택이 무엇인지'를 생각하는 습관이다. 평소 자신이 수행하는 일과 회사를 위한 최선의 선택이 연결되어 있어야 하는데, 의외로 전체 최적을 의식하는 사람은 적다. 전체 최적의 습관은 **여섯 가지 습관의 근간**이 되는 것으로서, 이를 늘 의식할 수 있는지 없는지에 따라 업무 성과에 **결정적인 차이**가 나타난다. 모든 비즈니스 퍼슨이 꼭 읽어주길 바라는 내용이다.

제2장 '**가치를 창출하는 습관**'은 자신이 참여함으로써 가치가 부가되는 것을 말한다. 매일 전날보다 0.01(1%)씩 성장할 수 있다면 1년 뒤에 그 차이는 **37.8배**나 된다. 하지만 여기서 중요한 것은 행동의 방향을 늘 확인하는 것이다. 어떻게 하면 자기다운 가치를 높이면서 개인과 기업을 동시에 성장시킬 수 있을까? '컨설

팅, 펀드, 제조업체'를 거치면서 키워온 필자의 독자적인 관점에서 살펴본다.

제3장 '**배우는 습관**'에서는 인풋 능력과 타고난 지력을 함께 연마하면서 동시에 아웃풋의 질까지 높이는 방법에 대해 서술했다. 러닝(Learning)과 언러닝(Unlearning), 기술 습득이라는 의미에서 역 T자형이자 역 π(파이)자형 인간인 필자의 공부법 관점에 따라 생각해본다.

제4장 '**인수분해의 습관**'에서는 필자가 장기와 경영을 통해 길러온 인과관계와 상관관계, 가설 사고와 백 캐스팅 사고, 속도감 확보, '비합리의 합리' 등 직원들에게도 이야기하는 핵심 내용을 집약했다.

제5장 '**마지막 1%에 집착하는 습관**'에서는 99%까지 완성한 일의 나머지 1%를 해내는 요령을 전수한다. 실천이 어려워 필자도 처음에는 제대로 하지 못했다. 그러나 제품, 고객, 직원들과 매일 마주하면서 재현성 있는 방법을 알아냈다. 앤커가 이 미션을 달성할 수 있었던 이유를 단순하게 말하면 '좋은 제품 × 좋은 조직'이다. 그래서 필자는 제품을 만들 때나, 조직을 꾸릴 때 모두 집착에 가까운 노력을 기울인다.

끝까지 해내는 건 재능이 아니다. 의지만 있으면 누구나 할 수 있다.

포기하지 않는 것이야말로 필자와 같은 평범한 사람이 천재에게 맞서는 최고의 수단이다.

제6장 '게으름 피우는 습관'에서는 '애썼다는 느낌'을 원천적으로 차단한 상태로 뇌의 피로를 푸는 습관을 소개한다. 뇌의 피로가 풀리면 아이디어가 번뜩이게 되고, 성장세에 엄청난 가속도가 붙는다. 너무 열심히 일하다 보면 수단과 목적이 역전될 수 있다. 적절하게 게으름도 피워가면서 최종 목적지를 향해 뚜벅뚜벅 걸어가야 한다.

여섯 가지 습관을 하나하나 익히고 나면 여러분은 크게 성장할 뿐 아니라 성장하는 과정에서 탁월한 성과까지 거둘 수 있다. 그리고 여러분 자신과 회사가 모두 큰 성장을 거두어 각자가 지향하는 1위가 될 수 있다. 미래가 불투명하고 예측이 어려운 현대 사회에서도 여러분의 시장가치는 반드시 높아질 것이다.

과거에는 대기업에 입사하면 일생이 편안했다. 하지만 지금은 그렇지 않다. 회사가 여러분을 지켜주지 않는다면, 지금 당장 '1위 사고'를 익혀라. 그리하면 실직을 피하는 수준을 넘어 훨씬 높은 곳을 바라보는 존재가 될 수 있다. 도전은 나이와 상관없이 할 수 있다. 도전하지 않는 것은 곧 후퇴를 의미한다.

자, 1위를 향해 함께 나가자.

이 책은 필자의 첫 저서다.

앤커재팬이 후발주자임에도 점유율 1위를 거머쥘 수 있었던 습관, 과거 아무런 존재감 없던 필자가 연 매출 300억 엔대 기업의 대표가 될 수 있었던 단순한 습관을 아낌없이 공개할 것을 약속한다. 책장을 덮을 때쯤이면 누구든, 몇 살이든 1위가 바라보는 경치를 엿볼 수 있을 것이다.

여러분의 인생은 여러분 스스로 바꿀 수 있다. 분명하다.

2022년 11월 길일

앤커재팬 주식회사 대표이사 CEO 엔도 아유무

제1장

전체
최적의
습관

1

개인의 목표보다 팀의 목표,
팀의 목표보다 회사의 목표

내가 가장 중시하는 습관

회사의 실적은 각 개인의 역량이 집적된 결과다. 전 직원이 같은
목표를 향해 나아갈 때 비로소 실적은 최대치에 이르고 개인도
크게 성장한다.

나는 일을 할 때 가장 중요한 것이 '전체 최적의 습관'이라 생각한다.
그래서 평소 개인보다는 팀, 팀보다는 회사 전체를 생각하자고
직원들에게 이야기한다.

사람은 일반적으로 자신의 KPI(핵심 성과 지표) 달성을 최우선시
하고, 자신만 잘 되면 된다고 생각하기 쉽다. 하지만 자신, 또는
자기 부서만 좋으면 된다는 '부분 최적'의 사고방식이 퍼지면 그

조직은 약해진다. 그리고 개인의 성장까지 멈추고 만다.

스포츠의 단체 경기에서 개인플레이를 하는 선수가 있으면 그 팀은 절대 이길 수 없다. 이건 회사도 마찬가지다. '우리 부서의 KPI만 달성하면 되지', '다른 부서까지는 모르겠어'라는 분위기가 형성되면 회사의 성장은 둔해진다. 그리고 그런 조직 속 개인은 확실히 더디게 성장한다.

하지만 전체 최적의 습관이 몸에 익으면, 경영자의 눈·시선·관점을 가지게 되어 **성장에 가속도가 붙는다.** 언뜻 멀리 돌아가는 것처럼 보이겠지만, **전체 최적의 습관은 개인의 성장까지 1위로 끌어올릴 수 있는 최선의 방책**이다.

전체 최적의 관점은 문제 해결에 반드시 요구된다. 이 관점이 있어야 문제 설정을 올바르게 할 수 있기 때문이다. 학교에서는 풀어야 할 문제가 정해져서 나오지만, 비즈니스에서는 풀어야 할 문제를 스스로 설정해야 한다.

그런데 애초에 문제 설정이 올바르지 않은 경우도 많다. 가령 상사가 '광고 전략, 어떻게 하면 좋을까?'라는 과제를 던졌다고 해보자. 매출 극대화가 목적이라면 광고 전략을 정교하게 다듬기 전에, '판로 확대'에 시간을 써야 문제에 더 효율적이고 본질적으로 접근할 수 있다.

전체 최적이라는 발상에 따라 경영자의 관점을 갈고 닦으면, 상사가 낸 과제의 깊은 의미를 곱씹는 습관이 생기므로 더 속도감 있게 본질적인 과제를 해결할 수 있다. 왜냐하면 문제 해결에 중요한 '가설 사고'를 강화할 수 있기 때문이다(자세한 내용은 제4장에). **전체 최적의 습관은 직급이 높고 낮음과 무관하게 모든 비즈니스 퍼슨에게 필요**하다.

회사 전체를 위한 최선

늘 '회사 전체를 위한 최선의 선택은 무엇인가?'라는 관점에서 생각해야 한다. 애초에 개인의 업무와 회사 전체를 위한 최선은 연결되어 있다. '전체 최적'을 의식하면 일의 결과는 크게 달라진다.

재고 과잉 상태를 예로 들어보자. 재무 부서라면 꺼릴 상황이겠지만, 영업 부서로서는 추가 판매 기회가 생길 때 활용할 수 있으므로 꺼릴 이유가 없다. 반대로 재고 물량을 조금밖에 확보하지 못한 경우, 재무 부서로서는 반가운 상황이겠으나 영업 부서는 추가 판매 기회를 잃을 수도 있다.

따라서 재고량에 관해서는 어느 한쪽 부서의 입장만을 우선시하기보다 이해가 상반되는 부서가 머리를 맞대고 '정말 필요한 재고 수준'을 함께 검토하는 것이 중요하다. 그렇게 하면 공통의 목표를 향해 서로 협력하기 쉽고, 결과적으로 기업의 성장을 더욱 가속할 수 있다. 언제나 나무보다 숲을 보고, 전체를 판단해야 한다.

'그건 내 일이 아니야'를 경계하라

일하는 사람이 하면 안 되는 말에 무엇이 있을까? 첫 번째로 꼽을 수 있는 것이 '**그건 내 일이 아니야**'다.

나는 앤커재팬에 일본 시장 사업 부서장으로 입사했는데, 입사 직후에는 온라인 판매 페이지를 제작하는 동시에 가전 양판점과의 협의에 일일이 참석했고, 택배를 준비하면서 보도자료를 썼으며, 그 외에 트위터 홍보까지 담당했다. '사업 부서장으로 들어온 내가 왜 택배 일까지 해야 하나?' 만약 그렇게 생각했다면 우리 회사 일이 제대로 돌아갔을 리 없다.

스타트업만 그런 것은 아니다. 부서와 부문을 구분하지 않고 해결해야 하는 일은 어느 회사에나 많다. 그럴 때 '그건 내 일이 아니야'라고 생각하는 것보다 '전체를 고려해 힘을 합해 해결하자'라는 의식이 있으면, 회사뿐만 아니라 개인의 성장 속도는 현격히 빨라진다.

반대로 자기 자신만 챙기면 개선 속도는 지극히 느려진다. 어떤 사고방식을 가진 사람이 필요한지는 스타트업, 대기업을 불문하고 명백하다.

'피부로 느끼는 현장 감각'을 중시하라

앤커재팬도 부서 간 연계가 늘 원활했던 것은 아니다. 사업 부서 내 팀 사이에도 연계가 약해, 데이터베이스를 이중으로 관리하고 있다는 사실을 인지하지 못한 적도 있다. 필요한 재고를 고객지원 부서가 아니라 사업 부서가 관리하는 바람에 고객 안내가 늦어진 적도 있다. 그러한 사례가 발견될 때마다 조금씩 부서 간 경계를 넘어 정보를 공유할 수 있는 조직으로 체질을 바꾸었다. 지금은 내가 해온 일의 대부분을 각 팀에 맡기고 있다.

나는 처음부터 수많은 업무에 간여한 덕에 지금도 각 업무의 핵심을 파악하고 있다. 광고 운용에 관한 보고의 경우, '이 CPA(Cost Per Acquisition: 성과 한 건을 올리거나 고객 한 명을 획득하는 데 드는 비용)는 너무 높은 것 같은데?'라는 식으로 내 감에 의존해 평가하기도 한다.

여기서 '감에 의존한다'라는 말은 '적당히'라는 의미가 아니라, 경영자로서 제한된 시간 내에 조금이라도 올바르게 판단하는 데 필요한 기술이다. 그 기술은 단기간에 습득할 수 없다. 실제로 여러 경험을 통해 **현장 감각**을 쌓아온 결과로 몸에 배는 것이다.

외부 회사에 사외이사나 고문으로 들어가면 고위급 의사결정이나 상담에는 간여하지만, 현장에서 일어나는 작은 문제들은 보기 어렵다. 그래서 나는 현장의 눈높이를 잊지 않기 위해 늘 스스로 경계하고 있다. 합리성을 내세운다고 해서 모든 일이 잘 돌아가고 사람들이 잘 움직여주는가 하면, 그렇지 않다.

현장에는 실로 수많은 과제가 있다. 그에 대한 이해를 바탕으로 경영에 임해야 효율적으로 성장하는 기업이 만들어진다.

지지 않는 게임과 전체 최적

나는 기업이 오랫동안 사업을 계속하려면 **지지 않는 게임**을 해야 한다고 생각한다. 그리고 그러기 위한 키워드는 '전체 최적'이다.

신규 사업을 잇달아 선보이면서 홈런과 삼진 중 하나만 선택하려 한다면 리스크가 너무 커진다. 한편 안타만 계속 친다면 성장세가 더디다.

이상적인 기업은 안타 수를 늘려서 매출과 이익을 늘리는 동시에 홈런을 노려야 한다. 앤커 그룹이 충전기나 배터리 같은 핵심 사업에서 현금을 확보하면서, 새롭게 로봇청소기나 스마트 프로젝터에도 도전하는 것처럼 말이다.

실제로 스마트 프로젝터는 앤커 그룹이 업계 선구자이며, 이 제품 덕에 회사는 가파른 성장세를 이룰 수 있었다. 그러나 만약 프로젝터 사업이 실패했더라도 핵심 사업이 있으니 회사가 기울어지지는 않았을 것이다. 사실 앤커재팬은 많은 사업에 도전했다가 실패했지만, 전체 실적은 계속 늘고 있다.

한편, 핵심 사업에만 전념하고 새로운 사업에 도전하지 않아도 리스크가 따른다. 모든 제품에는 라이프사이클이 있으며, 라이프사이클이 다하면 고객뿐 아니라 직원도 매력을 느끼지 못하기 때문이다.

또 신규 사업을 할 때는 하나의 프로젝트에 집중투자하기보다 여러 프로젝트를 동시에 진행하는 편이 리스크가 적다. 애초에 신규 사업이 타율 10할을 기록할 수는 없다. 성공 확률을 높이려면 도전 횟수를 늘려야 한다. 주식투자에서도 한 종목에 100만 엔을 투자하는 것보다 10종목에 10만 엔씩 분산투자하는 편이 리스크가 적다.

'지지 않는 게임'이라 하면 진취적이지 않다는 느낌을 받을지도 모르지만, 스포츠에서도 그렇듯 공격은 최대의 방어이고 공격 수단은 많아야 좋다. 기업뿐 아니라 한 명의 비즈니스 퍼슨

차원에서도 지지 않는 게임을 해야 한다.

내가 생각하는 '쉽게 지지 않는 인간형'은 나중에 서술할 **'역 T자형 인간'**과 **'역 π자형 인간'**이다. 역 T자, 역 π자의 세로축은 전문적인 지식과 기술이고, 가로축은 종합적인 지식과 기술을 나타낸다. 경쟁자에게는 없는 전문성을 익히면 어떤 환경에서도 성과를 올릴 수 있다(자세한 내용은 제3장에).

치열한 경쟁 속에서도 '후발주자'가 1위를 하려면?

스마트 프로젝터는 앤커가 신규 개척한 카테고리였지만, 배터리나 충전기, 이어폰 등은 **모두 후발**이었다. 시장은 이미 레드오션이었고 강력한 경쟁자들이 버티고 있었다. 'Low Recuring Rate(낮은 재구매율)', 'Low Average Selling Price(낮은 평균 판매 가격)'가 특징인 '3LOW' 시장이었다. 그 어려운 시장에서 1위를 하기란 어마어마하게 어렵다. 사실 10년 선만 해도 배터리나 충전기를 브랜드를 보고 선택하는 사람은 아주 적었다.

앤커는 노트북용 배터리로 시작했다. 당시에는 1만 엔 정도 하는 정품 배터리와, 1000엔 정도 하는 품질이 불안정하고 보증서도 제공되지 않는 배터리로 시장이 양분되어 있었다. 그래서 앤커는 3000엔 정도의 가격에 보증서를 제공하는 양질의 제품을 선보이면 호응이 있으리라고 판단했다.

이후 곧바로 스마트폰이 출시되면서 스마트폰 보조배터리에 주력했다. 스마트폰 시장이 커지자 보조배터리 시장도 커졌다. 앤커는 전자상거래 시장의 성장과 환경 변화, 스마트폰이라는 시대적 물결에 잘 올라탄 것이었다.

스타트업에는 '블루오션 전략'이 필요하다지만, 블루오션이라 생각하고 뛰어들었더니 실제로는 '노 오션'이었다는 사례는 매우 많다. 물고기가 없는 바다에 배를 띄우면 타격이 큰 법이다. 그렇다면 **확실히 물고기가 있는 곳에 낚싯대를 던져야 실패할 확률이 낮아진다.** 물론 낚시 방법에 따라 결과는 달라지겠지만, 일단 전혀 잡히지 않는 상황은 피할 수 있다.

따라서 후발주자가 1위를 거머쥐려면 **레드오션에서도 차별화할 수 있는 강점이 있어야 하고, 그것을 늘 고객의 눈높이에서 제시할 수 있어야 한다.** 매출이 오른 뒤에는 어디까지 개선하고 차별화할 수 있는지에 달려 있다.

진입 장벽을 높이려면 귀찮은 일도 기꺼이

비즈니스는 무엇보다 연속성이 중요하다. 우리가 온라인에서 배터리만 파는 업체였다면 지금의 성장세는 기대할 수 없었다. 실제 온라인에서만 배터리를 파는 업체는 수두룩하고, 그 경쟁은 치열하다. 그래서 앤커는 가전 양판점이나 이동통신사에서도 상품을 취급할 수 있도록 판로를 넓혔고, 직영 판매점인 앤커스토어까지 선보였다.

스타트업이나 대기업이 신규 사업에 진출하면서 가장 먼저 생각하는 것은 어떻게 하면 단기간에 이익을 얻는 '이기기 쉬운 게임'을 만들 수 있을까 하는 점이다. 합리적이고 옳은 방법으로 접근하더라도 다른 기업이 시장에 뛰어들면 지기 쉬운 게임이 되고 만다. 이기기 쉽다는 것은 경쟁이 약하다는 뜻이다. 그리고 이는 곧 중장기적으로 볼 때 지기 쉽다는 뜻이다.

실제로 한때 D2C* 기업이 많이 늘었지만, 안타깝게도 상당수는 지속적인 사업 운영에 어려움을 겪고 있다. 이들 기업 중 대부분은 ODM(Original Design Manufacturing)으로 일단 제품을 만든 뒤, 영향력이 큰 인플루언서에게 상품 소개를 맡기는 방식의 프로모션에 주력했다.

그 반면, 이기고 살아남은 기업은 대부분 질 높은 제품을 개발하고 판로를 넓히는 등 프로모션 이외의 부분에도 힘을 쏟았

---

* 다이렉트 투 컨슈머(Direct To Consumer): 기업이 전통적인 유통 방식인 도매와 소매점을 거치지 않고 자체 웹사이트나 앱을 통해 소비자에게 직접 물건을 판매하는 구조를 말한다.-옮긴이

다. 마케팅의 '4P'로 설명하면, 일단 중요한 것은 Promotion(판촉) 이외의 부분, 즉 Product(제품·서비스)와 여기에 연동된 Price(가격), Place(유통 경로)다.

솔직히 지금까지와 다른 것을 내놓는다는 것은 귀찮은 일이다. 하지만 우리 회사가 귀찮다고 느끼는 일은 타사도 귀찮게 여긴다. **귀찮은 일을 마다하지 않고 해내서 이기면, 시장 진입 장벽은 높아진다.**

개인도 그렇다. 사람들이 귀찮아하는 일을 할 수 있게 되면 대체 불가능한 인재가 된다. 예를 들어, 특정 업계의 전문 지식을 쌓거나 많은 이들이 99%의 완성도에서 '손 떼는' 일의 완성도를 100% 수준까지 끌어올리라는 말이다.

직영점을 낸 이유

앤커재팬은 이기는 것만큼이나 지지 않는 것을 중시해왔다. 투수가 실점을 막고 팀 전원이 그 경기를 지켜내면, 화려하게 이기지는 못해도 지지는 않는다. 가전 양판점에서 판로를 확대하고 직영점을 낸 것이 바로 그 예다. 양판점에서는 바이어가 제품을 사주어야 매장에 진열될 수 있다. 진열대 공간도 한정적이다. 전통적인 대기업 제품이 수두룩한 가운데 바이어가 후발주자이면서 스타트업인 앤커의 제품을 사게 하기란 쉽지 않은 도전이었다.

2018년에는 직영 점포 '앤커스토어'를 만들었다. 직영점과 온라인 판매를 비교하면 온라인이 이익률이 높다. 매장 직원도 필요 없고, 임대료도 들지 않는다. 온라인 스토어도 운영 비용이 들지만, 직영점에 비하면 고정비가 압도적으로 적다.

하지만 직영점은 온라인보다 중장기적인 고객과의 관계성을 구축하기 쉽다. 또 실제로 제품을 보고 만지는 체험을 제공할 수 있어서 팬을 만들기도 쉽다. 고객 중에는 인터넷으로 제품을 보고 느낌이 좋으면 당장 직영점에서 실제 기기를 확인한 다음 나중에 온라인으로 구매하는 이들도 있다.

가령 '10만 엔짜리 프로젝터를 온라인 정보만 믿고 사기는 불안한데, 그래도 마음에는 드니까 매장에 가서 실물을 보는 게 좋겠지? 실제로 체험하니까 상상 이상으로 좋네. 다만, 이번 달은 주머니 사정이 안 좋으니까 일단 구매 희망 목록에 넣어두었다가 다음 달에 보너스 받으면 사야지' 하는 식인 것이다.

2

모든 팀, 직군은
평등하다

90%를 99.9%로 끌어올리는 전체 최적의 습관

기업의 가장 중요한 자산은 사람이다. 테슬라의 일론 머스크도 100조 엔 가치의 기업을 혼자 힘으로 만든 것이 아니다. 나는 앤커 재팬에 입사해 온갖 업무를 경험한 뒤, 수많은 우수한 인재를 채용해 각자에게 일을 맡겼다.

기업에서는 일부 직원만 완벽하게 일해서는 안 된다. **직원 모두에게 일을 끝까지 해내려는 의식이 있어야 한다.** 이 점이 중요하다. 일이 90% 해결되었을 때, 그것을 99.5%, 99.9%로 완성도를 높일 수 있는지가 바로 거기서 결정되기 때문이다.

'신은 디테일에 깃든다(God is in the Details)'라는 말이 있다. 작은 차이를 실현해내느냐 마느냐에 따라 회사의 실적은 크게 달라진다.

우리 회사의 보조배터리나 케이블 등을 경쟁사 제품과 비교해보면 세밀한 차이는 있지만, 극적인 차별화 포인트가 있는 것은 아니다. 충전 속도가 조금 빠르고 크기가 조금 작기는 해도, 충전 속도가 경쟁 제품보다 10배쯤 빠르지는 않다는 말이다.

그렇게 생각하면, 최종 단계에서 **마지막 1%의 마무리**에 철저한 노력을 기울이는지가 시장점유율을 크게 좌우한다고 할 수 있다. 타사 제품보다 조금 더 빨리 충전할 수 있고 지원 체계를 조금 더 잘 잡는 등, **마지막 1%의 차이가 쌓이고 쌓일 때** 팬이 늘고 브랜드파워가 커지는 것이다.

그렇게만 된다면 '충전기 사고 싶다'가 아니라 '앤커 충전기 사고 싶다'라고 생각하는 고객이 늘게 되고, 안이하게 가격 경쟁 전략에 휘말리지 않아도 된다. 그러면 직원들의 의식도 제품 개선이나 품질 향상에 집중된다. 그리고 개개인의 의식이 축적되면 조직의 결과로 드러나게 된다.

소수 정예라 잘 돌아가는 '어벤져스'

나는 이제까지도 그래왔지만, 앞으로도 소수 정예의 조직을 중시할 생각이다. 그러나 능력치가 높은 개인이 '제각각' 활약하기만 한다고 해서 사업이 계속 성장할 수 있는 것은 아니다.

영화 〈어벤져스〉 시리즈에 등장하는 슈퍼 히어로 팀은 최강이지만, 인원이 고작 10여 명에 불과한 덕에 제대로 활약한다는 말도 있다. 히어로가 100명인 회사가 계속해서 좋은 성과를 낼 수 있을지는 의문이다. 애플의 공동창업자 스티브 잡스를 존경하는 사람이 많을 텐데, 잡스가 100명 있는 조직이 강할지를 따져보면 그렇지도 않을 것 같다.

조직이 강해지려면 리더십이 있는 사람뿐만 아니라 그 사람을 도와줄 사람도 있어야 한다. 모두가 히어로, 모두가 보조자인 팀이 아닌, **전체가 모여서 멋진 활약상을 보여주는 팀이 최강의 팀이다. 각자의 능력은 달라도 의식의 방향은 일치시킬 수 있다.** 그리고 **미션과 가치에 따라 기업을 경영할 수 있다.** 그렇기에 '전체 최적'의 습관이 중요한 것이다.

'전 부서 평등'을 의식해야 강한 팀이 만들어진다

나는 정말이지 직업에 귀천이 없다고 생각한다. 그래서 사회적으로 지위가 높은 사람이 식당 같은 데서 점원을 거만한 태도로 대하는 것도 좋아하지 않는다.

기업도 조직이기에 계층은 있지만, 능력에 따라 업무를 분담할 뿐 직급이 높다고 해서 대단하다고 생각하지 않는다. 어디까지나 일반론이지만, 제조업계에서는 생산팀이나 마케팅팀이 '꽃'으로 여겨지기 때문에 발언 하나에도 힘이 실리는 경향이 있다.

앤커재팬에서는 부서 간 우열이 없다. 매출이 직접 KPI로 연결되는 사업 부서뿐 아니라, 고객 지원이나 제품 개발 부서 등도 매출의 최대화, 장기적인 성장이라는 목표를 공유하고 있다.

주역과 조역의 우열도 없다. 회사 전체의 성장을 위해 구성원 각각의 적성과 능력을 바탕으로 효율적으로 업무를 분담하고 필요한 행동을 할 뿐이다.

요컨대, 전체 최적을 실현할 조직을 만들기 위해 의식해야 할 것은 다음 세 가지다.

- 아무리 능력이 뛰어나도 혼자 힘으로는 큰 기업을 움직일 수 없다
- 능력이 뛰어난 사람만 모은다 해도 잘 돌아가리라고 장담할 수 없다
- 조직 간 우열이 없이 서로 존중해야 강한 팀을 만들 수 있다

3

전체 최적과
세 가지 가치

'합리적으로 생각하자'와 '기대치를 뛰어넘자'의 의미

비즈니스는 가설을 세우고 미래를 예측한다. '이런 정책을 시행하면 실적이 이 정도 늘어날 것'이라는 가설을 세운다. 가설을 세울 때는 사실을 기반으로 합리적으로 생각한다. 내 생각과 다르더라도 구성원의 의견이 더 합리적이면 그 의견을 수용한다.

앤커 그룹에는 세 가지 가치가 있는데, 구성원 개개인은 이를 바탕으로 행동한다.

1 Rationalism(합리주의) - **합리적으로 생각하자**

2 Excellence(탁월함) - **기대를 뛰어넘자**

3 Growth(성장) - 함께 성장하자

첫 번째 '합리적으로 생각하자'라는 가치는 '논리적 사고에 기반한 문제 해결이 중요하다'라고 생각하는 문화다. 매출과 이익을 늘리려면 회사 전체에 최적의 습관이 자리 잡아야 한다.

하지만 이를 철저히 실행에 옮기기는 쉽지 않다. 사내 어딘가에서는 정치질이 작용해 비합리적인 판단이 이루어지기 쉬워서다. 사내 정치는 합리적이지 않다. '사장 생각이 그러니까'라는 식으로 아무 생각 없이 따르는 것은 가치에 맞는 행동이 아니다.

두 번째 '기대를 뛰어넘자'라는 가치는 '늘 고객을 의식하고 고객의 시선에서 진정한 가치를 창조하겠다'라는 문화다. 여기서 잊기 쉬운 사실이 하나 있다. 기대를 뛰어넘어야 할 대상은 상사가 아니라 고객이라는 점이다.

앞서 말했듯이 합리적으로 생각하면 누가 말했는지보다 무엇을 말했는지가 훨씬 중요하다. 고객의 기대를 뛰어넘는 제안을 한 뒤, 결과적으로 상사나 회사의 기대를 넘어서야 한다. 팀원들의 기대, 상사의 기대, 거래처의 기대, 그리고 고객의 기대, 이 모두는 별개로 존재하는 것이 아니다. 이러한 의식을 키워야 전체 최적에 기반해 의사결정을 할 수 있는 조직을 만들 수 있다.

'함께 성장'할 사람을 뽑는 이유

세 번째 '**함께 성장하자**'라는 가치는 인재 채용 시에 적극적으로 적용한다. 그런 인재를 계속 채용해야 전체 최적의 경영이 가능해지기 때문이다.

한때 팀 활동에 저해가 되는 인물이 있었다. 그는 성장 의욕이 낮았으며 성장하고자 하는 회사, 성장하고자 하는 팀원을 욕하고 다녔다. 유감스럽지만, 그는 불평불만으로 가득 차 있었으며 주변 사람의 의욕을 떨어뜨리는 사람이었다.

축구 등 단체 스포츠도 마찬가지다. 자기 역할을 하지 못하고 시종일관 부루퉁한 태도로 일관하는 선수가 한 명이라도 있으면 주위에 악영향을 준다. 결과적으로 팀은 승리에서 멀어진다.

그래서 우리는 Growth(성장), 즉 '**함께 성장하자**'라는 가치에 맞는 사람을 채용한다. 다행히 실적은 증가세를 보이고 있고, 하고 싶은 일, 해야 할 일이 늘고 있어, 인재는 끝없이 필요하지만, 채용할 때는 절대 타협하지 않는다. 직원들도 그 점을 이해하기에 이렇게 말한다.

"빨리 인원을 늘려 달라. 하지만 가치를 공유하지 못하는 사람을 서둘러 채용하기보다는 석 달 뒤, 반년 뒤에도 가치를 공유할 수 있는 사람이 입사했으면 좋겠다."

"능력이 있고 우리 회사 문화에 잘 맞는 사람이 입사했으면 좋겠다."

이것이 우리 회사 직원들의 생각이다.

문제 발생을 막는 가장 효과적인 방법은 상상력

새로운 프로젝트를 실행한다고 해서 관계자 전원이 혜택을 받을 거라고 보장할 수는 없다. 예를 들어, 마케팅 부서가 이벤트를 실시할 때, 고객 지원 부서에는 추가 부하만 걸릴 수도 있다. 이때 긍정적인 측면과 부정적인 측면을 종합적으로 고려한 뒤, 이득이 크면 하고 손실이 크면 하지 않겠다는 판단을 내리는 것이 전체 최적이다.

그리고 여기서 중요한 것이 **'상상력'**이다. 자기 일이 주위에 어떤 영향을 주고 어떤 도움이 필요할지를 일단 멈추어 서서 상상해야 한다. 상황에 따라 일의 진행 방식이 달라질 테니 말이다.

개인적으로는 좋다고 생각한 기획이 전체 최적이 아닐 가능성도 있다. 예를 들어, 할인행사를 열면 매출이 늘어나 자기 부서는 좋겠지만, 다른 부서는 어떨지 상상해보자.

'할인행사를 하면 물류가 늘어난다. 물류는 견딜 수 있는가? 창고 용적은 충분한가?'

상상력이 부족하면 제품이 매장에 도착하지 않는 등 문제가 생긴다. 하지만 상상력을 발휘해 사전에 원활히 소통해두면 재빨리 손을 쓸 수 있다. 구성원 모두가 상상력을 발휘해 손실을 줄이고, 손실을 복구할 시간도 줄일 수 있어야 더 높은 목표를 향해 달리기 쉽다. 무엇보다 같은 목표를 향해 전 부서가 기분 좋게 일할 수 있다.

늘 문제 해결에만 쫓겨서는 회사가 성장할 수 없다. 각자가 기분 좋게 일해야 기업이 1위를 목표로 할 수 있다.

4

거시적 관점 가지기

장기판과 경영의 공통적 관점

나는 초등학교 때 처음 장기를 배웠다. 중학교 때부터는 장기부
에 들어가 매일 장기를 두었다. 고등학교 때는 단체전에서 간토
지역 3년 연속 우승을 거두었고, 개인전에서는 도쿄도 4강에 들
었다.

장기는 경영과 통하는 점이 많다. 사전 연구, 전략, 판세 읽기,
형세 판단, 제한된 시간에 끊임없이 결단을 내려야 한다는 점 등
경영에 필요한 요소로 가득 차 있다.

제1장의 주제인 '전체 최적'은 '**거시적 관점**'이라고도 할 수 있

다. 일본 장기계의 살아 있는 전설이라 불리는 하부 요시하루*
씨의 베스트셀러 『大局觀(대국관) - 자신과 싸워 지지 않는 마음』
에도 나와 있듯이 장기에서 거시적인 관점은 매우 중요하다. 전
체적으로 이기고 있는지 지고 있는지의 전황을 보고 다음 한 수
를 정해야 하기 때문이다.

일본 장기에서는 비차**를 중심으로 공격하는 경우가 많다. 서
로의 비차가 있는 곳이 전쟁터가 되기 쉽다. 하지만 장기의 목적
은 어디까지나 왕을 잡는 것이다. 비차가 버티는 전장에서 지더
라도 최종적으로 왕을 잡는 자가 승리한다. 일본 장기 격언에 '서
툰 장기 기사는 왕보다 비차를 중시한다'라는 말이 있듯 이를 착각
해서는 안 된다.

앤커의 과거 일화를 소개하겠다. 우리 회사는 스마트폰을 1회
충전할 수 있는 3000mAh 모델부터, PC를 충전할 수 있는 2만
mAh가 넘는 모델까지 다양한 용량의 보조배터리를 생산한다.
당시 앤커에서는 온라인에서 가장 시장 규모가 큰 1만mAh 이
상인 제품을 주력으로 판매했고, 여기서 높은 점유율을 차지하

---

* 羽生善治: 일본 장기계의 살아 있는 전설로 불리는 장기 기사. 1970년생. 불과 26세에 사상 최초로 일본 장기 타이
틀 7관왕을 거머쥐며 신드롬을 불러일으켰다. 대국 종반에 예상외의 수로 역전극을 펼치는 '하부 매직'으로 유명하다.-
옮긴이

** 飛車: 우리 장기의 '차'와 비슷함.-옮긴이

고 있었다.

그런데 양판점 등의 오프라인 시장을 포함해 시장 데이터를 다시 분석해보니 5000mAh 이하 시장이 가장 큰데, 여기에서는 우리가 경쟁에서 크게 뒤지고 있다는 사실이 발견되었다. 온라인 시장의 성공에 취해 거시적인 관점을 잊고 있었던 것이다. 대용량 모델 시장에서는 점유율 30%를 차지하고 있었지만, 중소용량 모델의 시장이 더 컸으니 놓치는 매출이 엄청난 건 불을 보듯 뻔했다. 전체를 보는 행위가 얼마나 중요한지 뼈저리게 느낀 사건이었다.

시장 진출을 판단하는 두 가지 기준

비즈니스를 할 때는 시장의 규모와 성장률에 주목해야 한다. 1억 엔 규모의 시장에서는 점유율이 50%라도 매출이 5000만 엔밖에 되지 않지만, 100억 엔 규모의 시장에서 점유율을 5%만 얻어도 매출이 5억 엔에 이른다.

USB 케이블에는 여러 규격이 있고, 규격에 따라 단자의 형상이 다르다. 우리는 현재 마이크로 USB 케이블의 신제품은 만들지 않는다. PC와 스마트폰의 규격이 통일되어 대부분의 주력 상품이 USB 타입 C로 바뀐 지금, 급격히 축소된 마이크로 USB 케이블 시장에는 신상품을 투입해도 매출 확대를 기대하기 어렵기 때문이다.

비효율적인 투자는 피하고, 성장하는 시장에 투자해야 한다. 그렇게 하면 점유율이 같아도 매출은 확대되고, 점유율이 늘어나면, 매출은 단숨에 뛰어오른다. 따라서 합리적인 의사결정이 중요하다.

'시작하기'보다 어려운 '끝내기'

애플은 2022년 5월, 아이팟 터치의 판매를 종료한다고 발표했다. 2001년에 등장한 아이팟은 애플의 상징이 된 MP3플레이어로, 디지털 음악 산업에 큰 변혁을 가져왔다. 판매가 종료된 아이팟의 기술은 아이폰으로 넘어갔고, 애플은 아이폰에 투자를 집중시켰다.

비즈니스는 새로운 것을 시작하는 것 이상으로 그만두기가 어렵다. 특히 일본에서는 실패를 달가워하지 않는 문화가 남아 있기 때문에 그런 경향이 강하다. 솔직히 철수 기준이 명확해야 신규 사업 진행이 쉬워진다. 인적 자원과 자금이 유한하기에 제대로 그만두지 않으면 시작도 할 수 없기 때문이다. 하지만 이를 깨닫고 판단하기는 쉽지 않다.

'콩코드의 오류'*처럼 엄청난 투자가 아까워 중도에 포기하지 못하는 예도 있다. 개발하는 데 오랜 시간이 걸린 제품일수록 어떻게든 팔고 싶어 하는 것이다.

하지만 판단은 고객의 몫이다. 애당초 제품이 좋지 않았기 때문에 받아들여지지 않았을 수도 있다. 아마존 리뷰가 평균 세 개밖에 없는데 억지로 광고해본들 고객에게는 아무런 흥미도 끌지 못한다. 그것보다는 잘 나가는 제품의 색상 수를 늘리거나 상위 모델을 만드는 것이 합리적이다.

애플은 혁신적인 제품을 만든다는 장점 덕분에 잘 팔리기도 하지만, 아이폰의 상당수는 일단 잘 팔리고 있기 때문에 매년 업그레이드하고 색상과 크기를 다양화해 매출을 늘리는 측면도 있다.

미션과 가치에 대한 깊은 공감이 성패를 가른다

개개인이 전체 최적을 생각하면서 일하려면 조직의 미션과 가치에 각자가 공감해야 한다. 개인 차원에서 사업 또는 창업하는 사

---

* 잘못된 길임을 알면서도 이전의 투자가 아깝거나 그 투자를 정당화하기 위해 더욱 깊이 개입해 가는 의사결정과정을 말한다. 콩코드는 영국의 항공사 브리티시 에어웨이즈와 프랑스의 항공사 에어프랑스가 합작으로 만든 세계 최초의 초음속 여객기다. 다양한 문제 때문에 생산을 중단해야 한다는 평가가 많았지만, 프로젝트 주도자들은 이미 너무 많이 투자했기 때문에 포기하고 빠져나올 수 없었다.-옮긴이

람은 스스로 미션과 가치를 생각한 뒤 이를 달성하기 위해 실천에 나서지만, 사람들 대부분은 조직에 속해 있다. 조직 안에서 성과를 거두려면 미션과 가치에 대한 공감이 필수적이고, 이 공감이야말로 성과를 올릴 열정으로 이어진다.

나의 경우, 동기 부여의 원천은 앤커 그룹의 미션에 대한 깊은 공감이다. 앤커 그룹의 미션은 'Empowering Smarter Lives, 즉 테크놀로지의 힘으로 사람들의 스마트한 생활을 뒷받침하는 것'이다. 쉽게 풀면, 사람들의 스마트하고 쾌적한 생활을 위해 그들 옆에서 그들을 돕는 뛰어난 하드웨어를 제공하는 일이다. 이를 실현하려는 열정이 있기 때문에 열심히 일할 수 있다는 말이다.

여기서 다시 한번 '성과의 공식'을 살펴보자.

성과의 공식

성과 = { 인풋 × 사고 횟수 × 시행 횟수 ÷ 시간 } × { 미션 × 가치 }

사람들은 일의 성과라고 하면 '인풋 × 사고 횟수 × 시행 횟수 ÷ 시간'까지를 떠올린다. 개인 차원에서 성과를 낼 때는 이것만으로도 충분할 수 있다. 하지만 **팀 차원, 또는 기업** 차원에서 큰 성과로 이어가려면 '미션 × 가치'가 매우 중요하다. 이를 공유, 공감, 구현해야 미션과 가치에 따라 사고 · 행동할 수 있고, 전체 최적이라는 의식을 키울 수 있다. 또 그렇게 되어야 성과를 올리기 쉽고 개인이 성장할 수 있다.

다음 제2장에서는 '가치를 창출하는 습관'을 소개한다.

제 2 장

가치를
창출하는
습관

1

모든 행동에
'가치'를 부여하라

뼛속까지 성장을 즐겨라

나는 기업이나 사람을 '성장'시키는 작업이 무척 즐겁다. 대학을 졸업하자마자 컨설턴트가 된 것은 기업의 성장을 도울 수 있는 동시에, 비즈니스 퍼슨으로서 빠르게 성장할 수 있다고 생각했기 때문이다.

컨설팅과 펀드 관련 일을 할 때는 업무 강도가 일반 기업의 갑절가량은 되었다. 두 배의 노동강도로 남보다 두 배 일하면 네 배의 배움을 얻을 수 있다. 성장을 간절히 원했던 나에게는 더할 나위 없는 환경이었다.

컨설턴트로 일할 때는 파워포인트와 엑셀 등 기초적인 업무 능력부터 프레젠테이션 방법론까지 일하는 데 가장 중요한 기초 체력을 키웠다. '자료 작성 능력'이라고 표현하면 잡스럽게 들릴지 모르지만, 젊을 때는 그것도 필요하면 닥치는 대로 흡수하는 것이 중요하다.

펀드사에서는 컨설팅 회사 때보다 경영에 직접적으로 관련된 일을 했다. 프로 중에 프로들이 모여 일하는 곳이었으니 매일 이를 악물고 성장하려 했다.

현재는 쉬지 않고 성장 중인 앤커재팬의 경영을 맡고 있어 최고의 즐거움을 느끼는 중이다. 2013년 창업 당시의 매출은 9억 엔이었으나, 2018년에 110억 엔, 2020년에 212억 엔을 넘어섰고, 2021년에는 300억 엔을 달성했다. 게다가 함께 일하는 직원들이 나날이 성장해 일하는 수준이 아주 높아졌다. 정규직은 현재 백 수십 명 수준인데, 1인당 생산성이 아주 높다.

1년 후 37.8배 성장하는 사람, 그렇지 않은 사람

나는 끊임없이 성장하고 싶다. 한 번밖에 못 사는 인생이기 때문에 후회 없이 계속 성장하고 싶다. 훌륭한 경영자는 수없이 많으니 현재에 만족할 수 없다. 그래도 나보다 대단한 사람이 있다는 것은 매우 행복한 일이다. 현재에 만족하지 않고 더 높은 목표를 세울 수 있으니까 말이다.

매출 목표도 마찬가지다. 목표를 달성한 순간은 기쁘지만, 그 만족감은 사실 오래가지 않는다. 물론 아드레날린이 분출되고 터질 듯한 기쁨을 느낀다. 하기로 마음먹은 일을 해냈을 때만큼 기쁜 일이 어디 있겠는가? 다만 그 감정이 오래 지속되지 않는 것이 내 성격일 수도 있다.

왜냐하면 나라는 사람은 목표를 달성하고 나면, 기존의 목표 지점이 다시 출발선이 되면서 저 멀리 다음 목표가 우뚝 솟아오르기 때문이다. 여기서 내가 강조하고 싶은 것이 있다.

성장은 중요하지만, 그 속도는 개인마다 다르므로 천천히 해도 좋다는 것, 중요한 것은 성장하는 데 필요한 일을 계속하라는 것이다.

아무것도 하지 않은 1년과 아주 조금이라도 노력한 1년 사이에는 얼마만큼의 차이가 생길까? 1×1은 365번 반복해도 1이다. 1의 365승은 1이니까 말이다. 이 말인즉슨, 성장 없이 하던 대로 하면 1년 뒤의 자신은 현재의 자신과 다를 바 없다는 뜻이다. 그럼 매일 전날보다 0.01(1%)씩 꾸준히 성장하면 1년 뒤 어떻게 될까?

1.01의 365승은 37.8.

1%의 좋은 습관이 몸에 익으면, 1년 뒤에 **37.8배**로 성장한다
는 의미다. 1%의 좋은 습관이 사람을 그만큼 크게 성장시킨다.
반대로 푸념이나 불평불만을 하면서 일하는 나쁜 습관은 사람
을 성장시키지 못한다. 출발할 때는 +0.01과 −0.01이라는 근소한
차이지만, 각각 복리로 굴러가는 사이에 점차 그 차이가 커진다.
초기의 소수점 아래 차이는 머지않아 압도적인 차이로 변한다.

디즈니랜드는 영원히 미완성

사람이든 기업이든 완성은 있을 수 없다. **사람과 기업은 모두 영원**
한 미완성이며 영원한 베타판이다. 다만, 베타판을 그대로 방치하
는지 업데이트를 하는지의 차이가 있을 뿐이다.

월트 디즈니(1901~1966)는 이렇게 말했다고 한다.

"디즈니랜드는 영원히 미완성이다."

"현상 유지에 만족하면 남는 건 후퇴뿐."

현상 유지란 어제와 같은 상태, 시간이 지났는데도 변하지 않
는 것을 말한다. 돈으로 따지면 현재의 100만 엔과 미래의 100
만 엔은 그 가치가 다르다. 가령 연리 3%라고 하면, 오늘의 100

만 엔은 1년 후에 103만 엔이 된다. 1년 뒤 시점에서 비교하면, 오늘의 100만 엔이 내년의 100만 엔보다 3만 엔만큼 가치가 크다. 이른바 현재가치라는 개념이다. 이는 사람도 마찬가지다.

오늘의 자신과 내년의 자신이 변함없이 같을 경우, **'성장하고 있지 않은 것'이 아니다. 시간이 흐르는데도 같다는 것은 '가치가 감소한 것'이라고 봐야 한다.**

자신은 현상 유지라고 생각하겠지만, 세상은 시시각각 변하고 있다. 현상 유지를 추구하다 보면 결과적으로 시대에 뒤처진다. 비즈니스 퍼슨도 그날그날의 업무만 겨우 해내서는 퇴화하고 만다. 그러니 매일 조금이라도 자기 가치를 높이려 의식해야 한다.

모든 제품은 영원히 베타판

가치를 창출하려면 '고객의 소리'에 귀 기울여야 한다. 고객이 원하지 않는 제품은 만들 이유가 없다. 고객의 기탄없는 의견을 제품 개발의 힌트로 삼아야 한다.

한때 보조배터리 부문에서 앤커 제품이 1위에서 밀려난 적이 있었다. 경쟁사가 질 좋은 제품을 출시한 것이다. 나는 기존 제품으로는 승산이 없다고 판단하고 당장 경쟁사 제품을 사서 개발 부서에 보내 신제품을 만들라고 지시했다.

결과적으로 개발 부서가 신속히 움직여준 덕분에 신제품 투입 후에는 1위를 탈환할 수 있었다. 하지만 그때 제품을 손보지 않고 프로모션만 강화해서 싸웠다면 틀림없이 패배의 기간이 길었을 것이다.

우리는 고객의 반응을 주시하며 끊임없이 제품을 개선한다. 창업 당시에는 지금처럼 개발 자원도 없었기 때문에 품질 관리 등은 자체적으로 해결했지만, 경쟁사와의 기능적 차별화는 지금처럼 많지 않았다.

그런데 그래서는 단순한 가격 경쟁에 빠져들기 십상이라 판단해, 2014년 무렵부터 본격적인 연구개발팀을 꾸렸다. 그러자 1차 제품 생산 노하우가 점차 축적되었다. 그런 노력을 충전 관련 기기뿐 아니라 이어폰과 로봇청소기 등 다른 제품 카테고리로도 확대해 나갔다.

그렇다면 고객이 원하는 제품은 어떻게 만들어야 하는가? **'제품은 영원히 베타판'이라는 의식을 가져야 한다.** 앞에서 사람과 기업은 모두 영원히 미완성이라고 했는데 제품도 마찬가지다. 완벽한 제품은 없으며, 제조업체는 시대와 환경의 변화에 따라 제품을 계속 개량해 나가야 한다.

고객 지원을 외주로 돌리면 안 되는 이유

우리 회사의 특징은 고객 지원을 모두 자체 소화하고 있다는 점이다. 우리는 아마존 리뷰를 분석하고, 전화로 의견을 들은 뒤, 제품에 반영한다. 고객 리뷰는 귀중한 정보이므로 제품 개선에 소중하게 활용한다.

고객은 리뷰를 쓴다고 따로 직접적인 인센티브를 받지도 않는다. 그런데도 일부러 시간을 들여 의견을 올려준다. 기업은 그 점을 소중히 여겨야 한다.

D2C 사업은 고객에게 직접 판매함으로써 중간 마진을 줄일 수 있다는 장점이 크지만, 그것이 본질은 아니다. '메뉴얼이 이해하기 어렵다', '충전기 LED가 침실에서 쓸 때 너무 밝다' 등 고객과 직접 소통할 수 있다는 점이 핵심이다. 그 의견을 하나하나 자산으로 활용할 수 있어야 제품이 좋아지고 기업이 성장한다.

고객 지원팀은 다음 매출을 끌어내는 최전방 부서다. 최근 작업 공정을 줄인다며 고객 지원 전화를 폐지하거나 연락처를 일부러 잘 보이지 않는 곳에 게재하는 기업도 늘고 있는데, 회사 사정을 지나치게 우선시하는 행태가 아닌가 싶다.

앤커재팬은 앞으로도 메일, SNS, 전화 등을 모두 동원해서 대응할 것이다. 고객마다 원하는 연락 수단이 다른데 우리의 대응이 만족스러우면 재구매 의사를 불러일으킬 수 있다. 고객 지원 확충은 눈앞의 효율화보다 훨씬 큰 의미가 있다.

독창적 가치 창출법

컨설턴트 시절에는 가치를 창출하라는 이야기를 귀가 따갑게 들었다. 컨설턴트는 고객에게서 고액의 보수를 받는다. 고객이 고액의 대가를 치르는 이유는 그 금액 이상의 이익을 얻기 때문이다. 5000만 엔에 비용 절감 시책을 의뢰받으면, 컨설턴트는 수억 엔의 비용 절감 성과를 내야 한다. 보수의 몇 배에 이르는 성과를 내주어야 제대로 일한 것으로 여겨진다. 그러니 **항상 가치 창출을 의식해야** 했다.

컨설턴트는 신뢰를 얻고 지속해서 성과를 올려야 다음 의뢰를 받을 수 있다. 대형 컨설팅 회사에서는 고객사의 M&A 자문을 맡으면 인수 후 사업 통합 프로젝트까지 돕기도 한다. 아마 M&A 과정에서 고객사가 가치를 충분히 느끼지 못하면 사업 통합 프로젝트를 의뢰하지 않을 것이다.

그런 경험을 한 덕에 나는 지금도 앵커의 미션과 가치에 기반한 나만의 독창적인 가치 창출에 신경 쓰고 있다. 담당자에게는 담당자의 일, 매니저에게는 매니저의 일이 있듯이, 나에게는 대표이기에 할 수 있는 일이 있다. 결재하고 책임지는 것은 물론, 회의에서 다른 구성원과는 다른 시각에서 아이디어를 낼 수 있다는 것도 나의 가치 중 하나일 것이다. 구성원들이 순순히 따를 수 있는 남다른 관점, 전체를 살핀 의견을 제시하면, 구성원들에게는 배움의 기회가 되기도 할 것이다.

채용 면접에 꼭 참석하는 이유

나는 지금도 **전 사원의 채용 면접에 관여**한다. 기업을 계속 성장시키고 싶다면 성장 의욕이 있는 인재를 계속 채용해야 한다. 세상에는 현상 유지를 중시하는 사람도 많지만, 기업을 키우고 싶다면 그런 사람을 채용하면 서로가 불행해진다. 물론 사람마다 생각이 다르니 이는 절대 좋고 나쁨의 문제가 아니다.

사람은 '태도(Being)'가 90%, '행동(Doing)'이 10%라고 한다. '태도'에는 일을 대하는 자세도 포함되는데 나이가 들수록 '태도'는 변하기 어렵다. 다시 말해 사회인이 되고 나면 교육을 받는다고 해도 성격이나 가치관이 바뀌기 어렵다는 뜻이다. 그래서 '태도'가 맞아떨어지는 사람을 직원으로 채용하는 것이다.

기술이나 능력도 중요하지만, 조직과의 궁합은 더 중요하다. 기술이나 능력이 부족하면 입사 후에 단련할 수 있지만, 기업 문화를 어지럽히는 사람은 교정하기 어렵다.

앤커재팬은 채용 시험 때 서류 전형과 여러 차례의 면접 후, 마지막 단계에서 점심 또는 저녁을 먹으면서 직원들과 대화하는 단계가 있다. 그 자리에는 면접관뿐 아니라 동료가 될 직원들도 가능한 한 참석하게 한다. 기업이 후보자를 뽑기는 하지만, 지원자들도 직원들의 분위기를 느낄 수 있기를 바라서다. '이런 사람들과 함께 일하고 싶은지' 지원자가 느끼게 하는 것인데, 그 자리의 인상이 좋으면 지원자의 의욕이 더 높아질 것이고, 마음에 들지 않으면 입사 후에 실망하는 것보다 나은 선택을 일찍 할 것이기 때문이다.

2

커뮤니케이터가 아닌
프로젝트 매니저가 되어라

커뮤니케이터와 프로젝트 매니저의 결정적인 차이

한쪽에서 다른 한쪽으로 정보를 전달하는 과정에서 여러분이라면 어떤 가치를 부가할 수 있는가? 한 담당자가 상사에게 '고객의견을 모아 오라'는 지시를 받았다고 해보자.

담당자가 '고객 의견'을 대량으로 모아 그대로 상사에게 전달한다면 그는 가치를 더하지 않은 것이다. 이런 일을 하는 사람을 나는 '**커뮤니케이터**'라고 부른다. 반면, 자신이 중간에 끼어듦으로써 어떤 가치를 부가할 수 있을지 늘 고민하는 사람을 '**프로젝트 매니저**'라고 부른다. 이 예시의 경우 가치를 더한다고 하면, 정보를 카테고리별로 분류하기, 간결하게 정리하기, 사전에 모순점 확인해두기 등을 생각할 수 있다.

일반적인 제품 판매 흐름은 제조사가 상품을 도매로 소매상에 넘기고, 소매상이 이를 고객에게 판매하는 것이다. 도중에 중개 회사, 즉 상사(商社)가 끼어드는 경우도 많다. 최근에는 온라인 상에서 직접 판매하는 사업모델도 일반화되고 있어서 제조사가 소매상의 기능까지 담당하기도 한다.

상사는 제조사와 소매상 사이에서 역할을 한다. 상사가 중간 과정에 들어옴으로써 물류 등의 작업을 효율화할 수 있는 장점이 있다면 상사에 가치가 있다. 하지만 그런 장점이 없으면 '소매상과 직거래하겠다'라는 말이 나와도 어쩔 수 없는 노릇이다.

광고대행사에 의뢰할 때도 마찬가지다. 광고 운용을 의뢰할 때, 대행사에 가령 15%의 운용비를 낸다고 하자. 광고 예산이 1000만 엔이라면 그중 150만 엔이 대행사 운용비. 이때 광고대행사는 150만 엔의 가치보다 효율적으로 광고를 운용하는 새로운 운용법을 제안하는 등의 부가가치를 창출해야 한다.

나는 광고대행사에 의뢰할 때, 대부분 기업명보다 담당자를 보고 고른다. 대기업이라고 해서 고품질이 보장되는 것이 아니다. 광고는 상대 대행사의 영업이 우수한지, 훌륭한 크리에이티브 디렉터가 붙는지에 따라 결과가 크게 달라진다. 이때 적용하

는 지표도 가치를 부가하겠다는 의식이 있는지다. 수수료 이상
의 부가가치를 창출할 수 있다는 것을 담당자가 명확히 설명하
지 못할 때는 맡기지 않는 것이 좋다. 그런 사람은 프로라고 부
를 수 없기 때문이다.

포지션에 따라 달라지는 가치 창출법

앤커재팬은 한때 타사와의 협업으로 신제품을 출시한 적이 있
다. 프로젝트 매니저는 상대 회사와 면밀하게 협의하는 동시에
제품을 개발하는 본사 개발 담당자와도 협의를 진행했다. 품질
과 안전성 확인, 디자인과 색상을 확인했다. 이런 정보를 취합해
납기 안에 출시할 수 있도록 전체 일정을 관리하는 것이 중간에
서 일하는 사람의 가치다.

부하 직원이 상사의 시간을 만들어내는 것도 가치 창출이다.
컨설팅 파트너나 매니저의 업무는 고객의 신뢰를 얻어 일을 따
내는 것이며, 그들을 보조하는 부하 직원은 회의록을 정리하거
나 분석 작업, 자료 작성 등 자신이 할 수 있는 일로 상사를 돕
는다. 이렇게 해서 상사의 시간을 만들어내야 상사가 그 시간에
억 단위의 일감을 수주하는 등 부가가치가 높은 일에 집중할 수
있다.

사장 비서는 사장이 아닌 다른 사람도 할 수 있는 일을 하는 데 그 가치가 있다. 비서가 일정 등을 조정해야 사장은 본래 해야 할 일에 집중할 수 있다. 그리고 사장밖에 만들어낼 수 없는 가치 창출의 기회를 늘릴 수 있다.

1년 차 신입에게 10억 엔짜리 일을 맡기는 이유

우리 회사에서는 팀의 미션과 구성원의 역할과 책임을 명확히 정해두고 있다. 그렇게 하면 회사 전체의 미션과 가치를 이해할 수 있을 뿐 아니라, **자신의 역할과 책임을 분명히 해 가치 창출의 방향성까지 명확해지기 때문**이다.

브랜드 매니저의 역할과 책임은 '앤커라는 브랜드를 더 널리 알리고, 단기뿐 아니라 중장기적 매출과 이익 확대에 기여하는 것'이다. 프로모션 설계는 어디까지나 수단의 일부에 불과하다. 가령 브랜드 매니저의 온 신경이 프로모션에만 쏠려서 '입소문으로 대박 날 광고'만 노린 끝에 비용 대비 효과를 생각하지 못했다고 해보자. 그러면 '앤커재팬의 매출에 기여한다'라는 전체 최적의 관점이 결여된, 부분 최적밖에 달성하지 못하는 결과를 초래한다.

소수 정예를 중시하는 앤커재팬에서는 대졸 신입사원에 대한 기대도 크다. 최종 책임은 윗사람이 지지만, **1년 차 신입일 때 매출 10억 엔 이상의 책임을 맡기기도 한다.** '이 정도의 속도로 성장하고 열심히 하면 좋겠다', '이런 일을 맡기고 싶다'라는 의사를 명확하게 전달하고 서로 수긍한 상태에서 입사시키는 것이다.

실적을 올려 진급하면 업무 범위가 늘어나기 때문에 기대치는 더 올라가고, 할 수 있는 일도 더 많아진다. 그때는 다시 한번 역할과 책임을 명확히 하고, 이를 바탕으로 더 큰 가치를 창출하게 한다. 결과적으로 그러한 **가치의 축적은 성장으로 이어진다.**

탁월하다는 것은 고객의 기대를 뛰어넘는다는 것

나는 사람들을 즐겁게 해주고 싶어서 최근에는 뜸하지만, 취미로 마술을 익힌 적이 있다. 아마추어 마술 동호회에 나가거나 프로 마술사와 정보를 교환하기도 했다. '작은 행위 하나로 모두를 웃게 할 수 있다는 점'이 멋있어서 시작했는데 막상 해보니 상상 이상으로 연습이 힘들었다.

관객은 마술사에게 놀라움을 기대하고 마술사는 늘 그 기대를 뛰어넘어야 한다. 카드가 예상 밖의 장소에서 나타나거나 뻔히 보고 있는데도 다른 카드로 바뀌거나 하는 등 마술 무대에서는 관객의 예상을 뛰어넘어야 만족도가 커진다.

남을 만족시키려면 상대의 기대를 뛰어넘어야 하며, 그때 비로소 즐거움과 보람이 따르는 법이다. 앤커가 만들어내는 가치에도 그런 '탁월함'이 있다. **고객과 관련자의 기대를 뛰어넘음으로써 가치를 창출하는 습관이다.**

제 3 장

배우는
습관

1

인풋 × 타고난 지적 능력 = 아웃풋의 질

'인풋 × 타고난 지적 능력 = 아웃풋의 질'이 의미하는 바

제3장의 주제는 '배우는 습관'이다. 제2장까지 읽고 '성장하고 싶다', '가치를 더 끌어올리고 싶다'라고 생각한 사람이 **구체적인 아웃풋을 끌어내려면 '배우는 습관'이 뒷받침되어야** 한다.

'성과의 공식'을 다시 한번 살펴보자. 이번에는 인풋 × 사고 횟수에 **'질'**을, 시행 횟수에 **'양'**을 대입한다. 그러면 '성과의 공식'은 오른쪽 위와 같아진다. 이번 제3장에서는 특히 **'질'**에 주목하고자 한다.

경력 쌓기는 독자 여러분도 매일 고민하는 주제 중 하나일 것

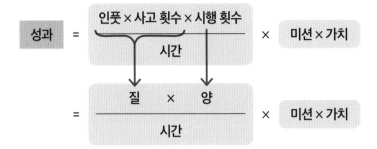

이다. 경력을 쌓을 때 가장 큰 리스크는 무엇일까? 창업도 아니고 스타트업에 들어가는 것도 아니다. **자기 능력이 아니라 회사 이름값을 통해 일이 들어온다는 사실을 이해하지 못하고, 끊임없이 배우기의 중요성을 망각하는 것이다.** 앞서 이야기한 것처럼 '현상 유지만 하면 된다'라고 생각한 시점에서 후퇴는 시작된다.

아웃풋의 '질'은 '인풋 × 사고 횟수'로 정해진다. 그리고 얼마나 사고 횟수를 늘렸는지는 '타고난 지적 능력'과 직결된다. 따라서 **'아웃풋의 질 = 인풋 × 타고난 지적 능력'**이라고 정의할 수 있다.

먼저 인풋에 관해 이야기하자면, 사람은 자신이 가진 지식 이상의 가치는 낼 수 없다. 기업의 과제를 찾아내고 해결 방법을 제안해야 하는 상황, 또는 제4장에서 언급하게 될 '가설 사고'를 시도할 때도 자신이 가진 지식 이상의 것은 내놓기 어렵다. 아웃풋의 정밀도를 높이고 싶다면, 우선 자기 안의 서랍을 늘려야 한다. 그러기 위해 가장 빠른 길은 다양한 관심사를 통해 인풋의 폭을 넓히는 것이다.

업무 관련 지식뿐 아니라 안테나를 높고 넓게 뻗쳐서 정보를 수집해야 한다. 자사 내에 축적된 업무 지식만으로는 정보가 진부해져서 가설을 세울 때 오류를 범할 우려가 있다.

동종 업계 타사 또는 타 업계, 타 분야의 사례를 인풋하는 것은 당연하며, 역사나 스포츠 같은 비즈니스 외의 지식에서 응용할 수 있는 아이디어를 많이 얻을 수 있다. 자서전이나 전기를 읽으면 자연스럽게 한 시대를 이끈 인물이 살아온 연대와 당시의 세계정세, 국내 정세, 정치, 경제, 사회 문화, 테크놀로지, 풍습, 생활상 등을 알 수 있다.

인풋 능력과 타고난 지적 능력을 높여줄 다섯 권의 책

먼저 **인풋 능력과 타고난 지적 능력을 높여줄 책 다섯 권**을 소개한다.

❶ 『논어』 (공자 저)

논어는 여러 차례 반복해서 읽은 책 중 하나다. 비즈니스 서적은 아니지만, 교양의 기본이라 불리는 책으로서 일은 물론이고 살아가는 데 중요한 교훈을 얻을 수 있다. 특히 직급이 올라가고 나이가 들수록 능력을 뜻하는 재(才)보다, 사람의 됨됨이, 즉 덕(德)이 힘을 발휘하기 때문에 이를 이해하기 위해서도 가장 먼저 추천하고 싶다.

❷ 『데일 카네기 인간관계론』 (데일 카네기 저)

이 책의 목차를 구성하는 '사람을 움직이는 법', '호감을 얻는 법', '설득하는 법', '변화시키는 법'은 비즈니스에서 가장 중요하고도 본질적인 부분이다. 1936년에 초판이 나온 오래된 책이지만, 자신과 기업의 목표가 무엇인지, 그 목표를 위해 사람을 움직이려면 어떻게 해야 하는지에 관해서는 지금도 핵심이 크게 다르지 않다. 내용이 새롭지는 않으나 일이든 개인사든 인간관계는 이 책만으로도 상당히 매끄러워질 것이다. 시대를 초월해 명저로 꼽히는 이유를 알 수 있다.

❸ 『가설이 무기가 된다』 (우치다 가즈나리 저)

이 책 제4장에서도 '가설 사고'의 중요성을 다루는데, 그 가설 사고에 관해 좀 더 체계적으로 이해하고 싶은 사람들에게 추천할 만한 책이라고 생각한다. 가설 사고는 반복적인 실천이 가장 중요한데 이제 막 대학을 졸업한 사회초년생 등 아직 경험이 적은 사람은 사고방식을 포함해 배울 점이 많은 책이다.

❹ 『이슈에서 시작하라 - 가치 있는 아웃풋을 창출하는 프로 사고술』

(아타카 가즈토 저)

일하다 보면 해결해야 할 문제가 많지만, 그 모두를 해결할 시간은 없다. 따라서 정말 해결해야 할 이슈가 무엇인지를 이해하는 것이 중요하다. 이런 말을 들으면 당연하다고 생각할 수 있지만, 막상 일하다 보면 잊어버리기 쉬운 관점인데 이에 관해 배울 수 있다.

❺ 『그릿 - IQ, 재능, 환경을 뛰어넘는 열정적 끈기의 힘』(앤절라 더크워스 저)

미국 펜실베이니아 대학교의 앤절라 더크워스 교수가 시카고 공립학교에서 조사한 바에 따르면, 끝까지 해내는 힘을 가진 학생은 학교를 그만두지 않고 제대로 졸업할 확률이 높았다. 저자는 해내는 힘이란 Guts(어려움에 맞서는 '근성'), Resilience(실패해도 포기하지 않고 다시 일어서는 '회복탄력성'), Initiative(자발적으로 목표를 정하고 노력하는 '진취성'), Tenacity(마지막 순간까지 견뎌내는 '끈기')로 구성되며 후천적으로 익힐 수 있다고 했다.

이 메시지는 그야말로 '후발주자도 압도적인 속도로 성장할 수 있다'와 일맥상통한다. 해내는 힘이 왜 중요한지, 어떻게 하면 실천할 수 있는지는 제5장 이후에서 다시 언급하기로 한다.

타고난 지적 능력은 사고할수록 향상된다

그리고 '타고난 지적 능력'은 스스로 생각하는 힘이다. **아웃풋의 질은 '인풋 × 타고난 지적 능력'으로 결정되고, 타고난 지적 능력은 사고 횟수의 축적으로 결정된다.** 단기적으로는 지금 가진 지식으로도 아웃풋을 낼 수 있지만, 중장기에 걸쳐 질 높은 아웃풋을 계속 내려면 늘 새로운 인풋이 있어야 한다.

나는 2년 전에 X(구 트위터)를 시작했다. X는 아웃풋의 극치다. 인풋이 부족하면 올릴 글이 동이 난다. 나는 과거에 축적한 내용만 올리지 않는다. 날마다 새로운 인풋에서 새롭게 자극받아 올리는 글이 많다. X를 하다 보면 인풋의 중요성을 실감할 수 있다. 인풋과 아웃풋의 균형이 잘 잡히면 머리가 맑아진다.

시험공부가 잘되지 않는 사람은 인풋에 치우쳐 있어서 그럴 가능성이 크다. 어느 정도 공부한 뒤에는 서둘러 기출문제를 푸는 등 아웃풋을 내는 것이 좋다. 그러면 자신에게 필요한 인풋이 무엇인지 훨씬 명확해진다. 타고난 지적 능력은 절대 하루아침에 향상되지 않는다. **한계까지 머리를 쥐어짠 경험의 횟수가 중요하기 때문에 사고하면 할수록 타고난 지적 능력은 향상된다.**

지원자의 타고난 지적 능력을 시험하는 질문

나는 채용 면접 때 지원자의 타고난 지적 능력을 시험하는 질문을 던질 때가 있다. 예를 들면, 페르미 추정(어떤 문제에 대해 기초적인 지식과 논리적 추론만으로 짧은 시간 안에 대략적인 근사치를 추정하는 방법) 등 지원자의 경험보다 사고 과정에 주목하는 질문이다.

그런 질문을 던질 때는 정답을 중시하지 않는다. 가설을 세우거나 사물을 구조화하고 분해하는 힘을 본다. 이력서나 직무경력서의 내용도 중요하지만, 그것은 모두 과거의 정보다. 그보다는 미래, 즉 입사 후에 우리가 기대하는 역할을 할 수 있을지가 더 중요하지 않을까?

비즈니스의 90%는 애드리브, 즉 즉흥적인 대처로 이루어진다. 지원동기 등 뻔한 질문을 준비하는 것도 중요하지만, 평소 훈련한 **사고력의 집적인 타고난 지적 능력이야말로 중요**할 것이다. 그 순간의 혼돈을 즐기면서도 사고하고 제언할 수 있는 능력 말이다. 비즈니스는 왕왕 그런 모습이기 때문이다.

'1위 사고'를 도와줄 다섯 가지 인풋 방법

고객의 취향은 무서운 속도로 변한다. 요즘은 기획 시에 니즈를 파악하고 있었더라도 개발에 시간이 걸리면 어느새 트렌드가 바뀌어 시대에 뒤떨어진 제품이 되어 버린다. 우리 회사에서는 고객의 반응을 간파해 짧으면 수개월 만에 개발·출시할 때도 있다.

변화에 대응하면서 제품을 만들어야지, 그렇지 않으면 고객이 지속해서 매력을 느끼지 못한다. 미리 트렌드를 읽어 눈에 보이는 형태로 만들어내려면 쉬지 않고 인풋이 이루어져야 한다. **인풋의 속도감은 최종 아웃풋의 속도감에 연동되어 나타나기 때문이다.**

그러나 정보가 넘쳐나는 요즘 세상에서는 관심 있는 정보, 업무 관련 기사를 효율적으로 찾기가 쉽지 않다. 참고로 내가 실천하고 있는 대표적인 인풋 방법 다섯 가지를 소개한다.

▶ ① 오더블을 활용한 독서

가장 고전적인 방법이지만, 책에서 얻을 수 있는 배움은 무궁무진하다. 직장에서 바로 쓸 수 있는 실천적인 비즈니스 서적이 있는가 하면, 더 넓은 의미의 경영론 서적과 고서에 이르기까지 체계적인 공부를 원한다면 멀리 돌아가는 것처럼 보여도 **독서가 가장 인풋 효율이 높다.**

그런데 평소에 책을 별로 읽지 않는 사람도 있을 수 있다. 그런 사람들은 '좀처럼 책 읽을 시간이 없다'라는 소리를 한다. 단번에 집중해야 한다는 생각이 너무 강해서 그런지도 모른다. 그런 바쁜 분들에게 추천하고 싶은 것이 아마존의 오디오북 '**오더블**(Audible)'이다. 오더블은 전문 내레이터가 내용을 낭독해주므로 듣는 독서를 할 수 있다.

단, 한 가지 걸림돌은 읽는 것보다 시간이 더 걸린다는 점이다. 그래서 나는 헬스장에서 운동하면서 듣는다. 익숙해지면 두 배 속으로도 충분히 들을 수 있다. 사실 나는 늘 '**무언가를 하면서 듣기**' 때문에 독서 시간을 따로 낼 필요가 없다. 게다가 운동하면서 귀로 들으면 뇌도 활성화되어 줄곧 책만 들고 있을 때보다 정보가 쉽게 들어온다. 궁금한 콘텐츠가 있으면 즉시 스마트폰에 메모해둔다. 헬스장이 아니라도 출퇴근·통학하는 중에 들어보는 것도 좋을 것 같다.

▶ ② X

앞서 언급한 바와 같이 X는 아웃풋뿐 아니라 인풋 측면에서도 중요하다. 나는 2020년 1월에 개인 X 계정(@endoayumu)을 개설했다. 꽤 늦은 편인데 좀 더 일찍 시작했으면 좋았을 것 같다.

X를 하면 즉시성이라는 면에서 가장 빠른 속도로 정보를 얻을 수 있고, 관심 있는 기업이나 개인을 팔로우해서 효율적으로 소통할 수 있다.

단, X뿐만 아니라 SNS 전반의 단점은 너무 많이 하면 시간을 무한정 소비하게 된다는 것이다. 엔터테인먼트로 즐기는 정도는 괜찮지만, 인풋하는 수단으로 삼고자 한다면 이용 시 절제가 필요하다.

▶ ③ 뉴스 앱

신문 앱이든 기사 큐레이션이든 상관없지만, 어느 정도 폭넓게 정보를 얻을 수 있는 도구가 있으면 좋다. 자신과 직접 관계가 없어 보이는 정치, 경제 뉴스도 넓게 봐 두어야 세상 동향을 알 수 있고 동료, 거래처와의 대화 폭도 넓어진다.

단, 크게 도움 되지 않는 내용도 많으니 전체를 꼼꼼히 읽기보다는 시간이 날 때 훑어보는 정도로 충분하다.

▶ ④ 구글 알리미

'구글 알리미'는 구글의 여러 서비스 중에서 잘 알려지지 않은 편에 속하지만, **관련 정보를 자동으로 알려준다**는 점에서 인풋 수단으로 효과적이다. 무료라 안 쓸 이유도 없다.

알리미를 이용하려면 **관심 있는 키워드와 알림 시간을 설정하기만
하면 된다.** 그러면 설정된 시간에 키워드 관련 기사 목록을 보내
준다.

내가 설정한 키워드는 '앤커' 등의 브랜드명, '보조배터리' 같
은 카테고리 명이고, 알림 시간은 매일 '18시'로 되어 있다. 이렇
게 해두면 앤커의 뉴스 기사나 경쟁사의 보조배터리 신제품 정
보를 회의 등이 마무리되는 저녁 시간대에 대충 훑어볼 수 있다.

정보를 총망라해주지 않으며 정확성도 떨어지지만, 따로 뉴스
를 챙기지 않아도 정보를 얻을 수 있어 시간이 단축된다. 바쁠
때는 꼭 볼 필요도 없다.

▶ ⑤ **사외 네트워킹, 세미나**

한마디로 사람 만나는 일이라 할 수 있는데, 나는 이를 매우 중
요하게 여긴다. 온라인상의 기사나 책에는 나와 있지 않은 정보,
직접 만나야 들을 수 있는 내용을 들을 수 있고, 이는 일로 이어
지기도 한다.

상대와 시간도 조정해야 하고, 독서 등에 비해 시간이 많이 들
기 때문에 항상 할 수 있는 것은 아니지만, 정보의 질이 높다. 관

심 있는 영역의 전문가를 직접 만나지 못할 때는 세미나 등에서 관련 정보를 배운다. 최근에는 온라인 세미나도 많아졌고 물리적·시간적 장벽도 전보다 크게 낮아졌다. 최신 트렌드를 배우기에 효과적인 수단 중 하나다.

타고난 머리는 언제든, 나이와 상관없이 갈고 닦을 수 있다. 지적 능력은 천재에게만 있지 않다. 누구나 '배우는 습관'만 있으면 기를 수 있다. 물론 세상에는 압도적인 천재도 있지만, 성공한 기업이나 성공한 사람 중에 천재는 극히 일부다.

승부욕을 자극한 대입 실패와 미국 유학

나는 중학교에 들어갈 때, 입학시험을 치러야 하는 도쿄도의 중고일관교*에 진학했다. 시험을 거쳐 들어간 학교다 보니 주변에 우수한 사람이 많았고, 그 안에서 내 성적은 극히 평균이었다. 졸업생 대부분이 명문대에 진학하는 학교였기 때문에 나도 다른 학생들처럼 명문대를 목표로 공부에 매진했다. 하지만 결과적으로는 지망한 대학에 떨어져 재수를 경험했다. 그때까지는 큰 목표 없이 일단 공부해서 대학에 가자는 생각만 있었다. 그런

---

* 일본에서 중학교와 고등학교를 통합해 6년제로 운영하는 교육 시스템.-옮긴이

데 막상 시험에 떨어지다 보니 그제야 내 장래를 진지하게 생각하게 되었다.

당시 TV 뉴스에는 라이브도어라는 회사가 후지TV와 닛폰방송 주식을 시간 외 거래로 매집해 방송사를 장악하려 한다는 뉴스가 연일 방송되고 있었다. M&A라는 말도 처음 들었는데 왠지 '비즈니스는 재미있는 분야구나!'라는 생각이 들었다. 뉴스에서 보도되는 용어는 모르는 것투성이였지만, 그 분야를 공부해보고 싶었다.

영어의 경우는 입시 공부 덕에 읽기와 쓰기는 어느 정도 할 수 있었는데, 듣기와 말하기가 서툴렀다. 고등학교를 졸업할 때까지 여행을 포함해 해외로 나가본 적이 한 번도 없었다. 그러던 어느 날, 비즈니스를 제대로 배우고 영어 실력도 닦으려면 유학이 좋겠다는 새로운 선택지를 떠올렸다. 이때 처음으로 내 진로를 내 의지로 정한 것 같다.

그리고 대입 실패 후, 드디어 나의 기질은 원래 모습을 드러냈다. 스스로 결정한 이상 전력을 다하고 싶었다. 전에 없던 승부욕이 불타올랐고 '또래 중에서 1등을 하겠다'라는 생각이 머릿속에 가득했다. 재수한 탓에 남보다 1년 늦게 대학에 진학했다. 그에 대한 아쉬움이 커서 미국 대학은 4년을 채우기 전에 조기

졸업했다. 다만 그것은 내 머리가 원래 좋았기 때문은 아니다. 학창 시절 친구들도 그렇게 생각할 것이다.

이처럼 **타고난 재능이나 IQ보다는 강한 목적의식에서 발동된 '해내는 힘'이야말로 성공의 원동력이 된다.** 이에 관해서는 제5장 '마지막 1%에 집착하는 습관'에서 자세히 언급한다.

타고난 지적 능력을 끌어올리는 자문자답

앞서 언급했듯이 **타고난 지적 능력이란 사고 횟수의 축적**을 말한다. 인간의 뇌는 질문을 받으면 생각하게 되어 있다. 그래서 나는 스스로 문제를 내고 스스로 답한다. 이렇게 하면 문제를 설정하는 능력도 키울 수 있어서 일석이조다.

음식점에 들어가면 가게 안 모습, 메뉴, 종업원 등을 보면서

'이 가게는 이익이 얼마나 날까?'

'객단가 5000엔, 하루 40명이 찾는다고 하면 25일 영업에 월매출이 500만 엔. 경비는 ○엔 정도니까 이익은 ○엔 정도겠구나.'

라고 생각해보는 것이다.

스타벅스에 가면

'원 모어 커피(One More Coffee)는 기존 커피값의 반 이하인데, 무슨 목적으로 도입된 걸까?'

라고 생각해본다.

원 모어 커피는 스타벅스에서 드립커피 구매 시 영수증에 따라오는 쿠폰으로, 당일 한정으로 두 번째 잔은 저렴하게 즐길 수 있는 서비스다. 이때 예를 들어 다음과 같은 다섯 단계로 생각을 정리해보면 어떨까?

1　원래 두 번째 잔의 가격은 165엔(세금 포함)이라도 이익이 난다.

2　등록된 스타벅스 카드로 계산하면 더 저렴한 110엔(세금 포함)이 되니까 CRM(Customer Relationship Management: 고객 관계 관리) 효과도 있다.

3　스타벅스를 자주 이용하는 헤비 유저는 두 잔의 평균 가격으로 생각하기에 '이득'으로 느낀다.

4　고객이 두 번째 잔을 구매하지 않아도 가게에 손실이 전혀 없다.

5　경쟁사로 고객이 옮겨갈 리스크도 간접적으로 낮출 수 있다.

우버이츠를 이용할 때는

'수많은 배달 서비스 중에서 우버이츠가 인기를 끄는 이유가 뭘까?'

라고 생각해본다.

우버이츠는 경쟁 서비스에 비해 UI(사용자 인터페이스)가 훌륭해 배달 중인 운전자가 어디 있는지 위치 정보가 앱상에 보기 좋게 표시된다. 물론 배달 서비스는 빠른 게 좋다. 하지만 30분이 25분으로 줄어드는 것보다는 언제 도착할지 예상할 수 있으니, 배달받기 전에 샤워하러 들어가도 되는지 계산할 수 있다는 장점이 더 클 수도 있다.

이처럼 일상에서 자신만의 답을 찾아내는 사람은 사고력이 점점 강해진다.

'왜 그럴까?'

— 전제를 의심하는 사람, 의심하지 못하는 사람

자문자답을 하게 된 계기가 있다. 취업을 준비하면서 선배들을 찾아다녔는데, 그들에게 '타고난 머리를 단련해야 한다'라는 말을 듣고부터다. 질문에 대한 답을 생각할 뿐 아니라 **'왜 그렇게 되는지'를 스스로 곱씹을 수 있는 단계까지 가면, '애초에 전제 조건이 이래도 되는가?'라고 전제 조건 자체를 의심하는 힘이 생긴다.**

여러분이 사내에서 어떤 업무를 인계받으면서 '왜 이렇게 비효율적인 방법으로 하느냐?'라고 물었을 때 '앞사람도 이랬다'라고 대답할 사람이 과연 없을까? 그러니 일단 앞사람의 방식은 정말 최선인지를 따져보고 재검토해야 한다.

또 하나 중요한 것은 **목적의식**을 갖는 것이다. 신기하게도 목표를 달성하겠다는 생각이 있으면 목표를 향해 뻗친 안테나의 감도가 좋아지고, 보고 듣는 모든 것이 그 주제와 연관된다. 무엇을 보고, 듣고, 읽어도 모든 것이 목표 달성으로 연결 지어야 한다. 그래야 하나를 듣고도 하나 이상을 배울 수 있다

2

러닝과 '언러닝' 반복하기

언러닝이란 기존에 습득한 지식이나 습관을 의식적으로 버리는 것이다. '폐기학습' 또는 '탈학습'이라고도 부른다.

언러닝이 화제가 된 배경으로는 다음 **두 가지**를 꼽을 수 있다.

하나는 인간 뇌의 기억용량이 한정되어 있다는 점이다. 뇌과학적으로 봤을 때 용량은 충분하다고 할 수 있지만, 한 달 전에 암기한 프레젠테이션 내용을 현재 시점에서 술술 읊을 수 있는 사람은 거의 없을 것이다.

내 경험상 기존의 내용을 적절히 잊어야 새로운 것을 기억할 수 있다. 이는 옷장이 꽉 찬 상태와 비슷해서 가끔은 입지 않는 옷을 처분해야 새 옷을 넣을 수 있다. **한 번 버리고 나면 배우는 속도도 빨라지지만, 올바르게 습득할 수 있다는 장점도 있다.**

또 하나는 세상이 엄청난 속도로 변하는 탓에 과거의 성공 방식이 통하지 않는다는 점이다. 전에 잘 통한 방식이 앞으로도 잘 통하리라고는 장담할 수 없다. 그런데 익숙한 무기를 내려놓기는 두렵다.

어릴 적부터 검술을 익힌 무사가 칼을 버리고 총을 쓰라고 지시를 받으면 참으로 곤혹스러울 것이다. 그리고 익숙한 무기를 써야 싸울 때 조금이라도 유리할 거라는 생각이 들 것이다. 그러나 시대의 변화를 이길 수 없다는 사실은 역사가 증명한다. 과거 자신에게 승리를 안겨준 전략과 무기로 계속 싸우다가 패배하는 사례는 무수하다.

인간이 편안함을 추구하는 것은 본능이다. 하던 대로 해야 편하고 스트레스가 적다. **"전에 이렇게 했으니까 앞으로도 변함없이 같은 방식으로 밀고 나가자"라는 생각은 성장을 멈춘 자의 사고방식이다.**

지금은 1위 기업일지 몰라도 1위에 오를 수 있었던 과거 방식은 시시각각 낡은 방식이 되어버린다. 1위에 안주하기 시작하면 환경이 변했다는 사실을 알아차릴 수 없다.

후발 기업의 장점

반면, 후발 기업은 현 상황에서 이길 방법을 찾기 때문에 새로운 무기를 쉽게 찾아낸다. 후발 기업은 선발 기업과 같은 방식으로 덤벼서는 승산이 없다. 뒤늦게 뛰어들었으면서도 선두로 올라선 기업은 새로운 사고방식과 무기를 내세워 싸우기 때문에 승리를 거머쥐는 것이다.

마찬가지로 대기업에서 쌓은 마케팅 경험을 앤커재팬에서 그대로 활용할 수 있을 거라고는 장담하기 어렵다. 기업의 브랜드 파워, 취급 제품, 투입 시기 등 모든 것이 다르기 때문이다. 대기업은 TV 광고가 효과적이겠지만, 앤커재팬의 경우는 같은 수법이 효과적일지 어떨지 알 수 없다.

성공 체험을 만약을 위한 한 수로 가져갈 수는 있겠으나, 그 수를 늘 쓸 수 있는 것은 아니다. 또 과거의 성공 방식은 막상 쓰려고 보면 낡아서 통용되지 않는 경우가 많다. 바로 그때 오래된 수를 적절히 버리고 새로운 것을 배워야 한다. 과거의 성공 방식은 가설 중 하나에 불과하므로 그대로 적용하지 말고 **새로운 변수를 조합해 재정비해야 한다.**

전제가 달라지면 모든 것이 달라진다

하부 요시하루 씨는 그의 저서 『直感力(직감력)』에서 이렇게 말했다.

"나는 늘 '내가 잘하는 방식에 매몰되지 않겠다'라고 다짐한다. 장기의 세계에서는 전법과 최선의 수가 중요하다. 내가 잘하는 방식으로 하다 보면 당연히 편할 테니 나도 그 편한 길을 가고 싶은 마음은 있다. 하지만 계속 그렇게 하면 싫증이 나고 답답해질 수 있다."

'내가 잘하는 방식에 매몰되지 않으려면' 눈앞에 놓인 일과 과거에 했던 일들의 변수에 어떤 차이가 있는지를 주목해야 한다. 그리고 변수가 하나라도 다르면 기존의 것을 버리고 처음부터 다시 생각해야 한다.

예를 들어, 동일 카테고리 제품의 상세 페이지를 만들 때, 전에 잘 해낸 경험이 있으면 사람들은 80% 정도 같은 방식을 답습하고 20%만 바꾸어 마무리하려 한다. 무심코 편안한 길을 선택하는 것이다. 그러나 기능이나 가격대 등의 변수에 주목해 고객에게 어떤 점을 중점적으로 강조해야 할지를 처음부터 생각해야 매출이 늘어난다.

전제가 하나라도 달라지면 모든 것이 달라진다고 기억하자. 전에는 최우선 과제로 자사 제품의 인지도를 높이기 위한 광고와 마케팅에 주력했다고 하자. 그런데 경쟁사에서 획기적인 신제품이 나왔다면, 그때부터는 모든 것을 처음부터 재검토해야 한다.

나는 과거에 학습한 내용을 폐기하는 데 전혀 거부감이 없다. 새롭고 유익한 지식이 있으면 과거의 지식은 주저 없이 갈아치운다.

예컨대, 아마존의 인기 순위를 보면 '각 순위의 제품이 하루에 몇 개 팔리는지'를 기억해둔다. 하지만 아마존도 나날이 진화하기 때문에 같은 1위라 해도 예전에는 300개 팔리다가 지금은 400개씩 팔리는 사례가 흔하다. 그런 숫자를 새로 인지하는 기분으로 나 자신도 자꾸 업데이트하는 것이다.

실패를 통해 깨달은 '언러닝'의 중요성

나는 몇 번의 실패를 통해 언러닝의 중요성을 실감했다. 언러닝의 90%는 실패 경험에서 시작된다. 과거를 버리기는 어렵다. 하지만 좌절을 맛보면서 '예전 방식으로는 안 되는구나!'라고 진심으로 깨닫게 되면 언러닝을 실행할 수 있다.

언젠가 컨설턴트 시절에 하던 방식으로 펀드 일을 하다가 중요 포인트를 놓친 적이 있다. 당시 나의 미션은 생산성이 낮은 부서를 개선하는 것이었는데, 나는 작업 공정 개선을 통해 과제를 해결하려 했다. 그런데 실제로는 인사 쪽이 문제였다. 우선순위가 낮은 업무에 신경 쓰느라 엄청난 양의 잔업이 발생했고, 이것이 생산성 저하로 이어지고 있었던 것이다.

그때 나는 전체를 보는 거시적 관점이 없었기 때문에 근시안적으로 문제를 파악했다. 회사는 취약한 곳에서 증상이 나타나지만, 진정한 원인은 다른 데 있는 경우가 많다는 사실을 배웠다.

앤커재팬에 입사한 뒤에도 쓴맛을 본 적이 있다. 대형 온라인 쇼핑몰에서 로봇청소기 부문 수량 점유율 1위를 차지하기까지 계획보다 너무 오랜 시간이 걸린 것이다.

보조배터리 부문에서 점유율 1위에 올랐을 때와 비슷한 방식으로 일했는데, 과거의 성공 경험이 기대와 다른 결과로 돌아왔다는 결론을 얻었다. 보조배터리와 로봇청소기는 제품 특징과 단가 모두 전혀 다르다.

보조배터리는 사양과 가격을 내세우는 전략이 들어맞았지만, 로봇청소기는 흡인력 같은 사양보다 **구매 후 얼마나 마음 편하게 쓸 수 있는지**에 관한 홍보도 중요했다. 고객이 해당 상품의 어떤 점에 주목하는지에 따라 캐치 카피도 하나하나 바꾸어야 했다.

언러닝의 3단계

내 경험상 언러닝은 다음 3단계를 거쳐 이루어진다.

① 기존의 방식이 잘 통하지 않는다는 사실을 스스로 깨닫거나 주위로부터 지적받는다.

② 깨달음과 지적을 순순히 받아들인다.

③ 기존의 방식은 어디까지 사용할 수 있고 어디서부터 사용할 수 없는지를 분석, 수정한다.

①은 업무 환경의 변화 때문에 발생하는 경우가 많다. 가령 이직했을 때, 이전 회사에서 성공한 경험을 100% 살릴 수 있다고 생각하는 사람은 없을 것이다. 그런데 70% 정도는 살릴 수 있다고 생각하고 예전 방식을 답습하면, 그때 대부분 실패를 맛보게 된다. 실제로 대부분은 30% 정도밖에 살릴 수 없다. 30%의 언러닝이 필요하다고 생각하겠지만, 실제로는 70%의 언러닝이 필요한 것이다.

팀원에서 매니저로 승진했을 때도 언러닝이 필요하다. 말단 구성원으로서는 흠잡을 데 없었는데 매니저가 되고 난 뒤로는 뭔가 삐걱거리는 사람은 자기 방식이 옳다고 과신해서 그런 경우가 많다. 성격이나 업무 기술이 다른 구성원에게 자기 방식을 요구한다고 모두가 성공하는 것은 아닌데 말이다.

또 완벽주의자는 구성원들에게도 완벽함을 요구하기 쉬워서 결과적으로 마이크로매니지먼트의 함정에 빠질 수 있다. 중장기적으로 세부 사항을 지나치게 관리하려 들면 구성원들의 의욕을 갉아먹을 수 있다. **직접 움직일 것이 아니라 '남을 움직이게 한다'라고 사고를 재정비하고 언러닝하기 바란다.**

배우는 습관에는 '겸허한 자세'가 중요

②단계에서는 겸허한 자세가 중요하다. 젊을 때는 크게 성공한 경험이 적은데, 여기에는 좋은 면도 있다. 늘 겸허한 마음으로 배울 수 있다는 점이다. 성공한 경험이 늘어나면 자신감이 바탕에 깔리게 되면서 오히려 정말 필요한 배움을 놓칠 수도 있다.

그런데 **늘 성장하는 사람은 나이가 많아도 겸허하다.** 계속해서 성장하는 사람은 주위로부터 타당한 지적을 받았을 때 '그렇구나!'라고 받아들인다.

내가 사외 고문으로 일하는 기업에는 나보다 연장자들도 있는데, 그들 중에는 전자상거래에 관한 지식 또는 자신에게 없는 업무 기술을 진지하게 배우려는 사람이 많다. 나도 최신 SNS 마케팅 분야에서는 전문가가 아니기 때문에, 젊은 나이에 뛰어난 성과를 거두고 있는 마케터를 만나면 지도를 부탁하기도 한다. 나이에 상관없이 겸허한 자세로 무조건 배워야 한다.

세상에는 겸허한 사람과 그렇지 않은 사람이 있다. 겸허한 사람은 모르는 것은 모른다고 묻고, 배운 바를 즉시 받아들인다. 반면 겸허하지 못한 사람은 '남의 조언은 필요 없다'라며 막무가내로 버틴다.

겸허한 사람은 마음속 장벽이 낮아 새로운 자극을 흔쾌히 받아들인다. 그리고 좋았던 것만 남기고 나빴던 것은 지워버린다. 그런 사람은 쉼 없이 성장한다.

변화가 없는 기업은 겉보기에는 안정적이겠지만, 서서히 마이너스 성장을 향해 걸어가고 있음을 깨달아야 한다.

우리 같은 스타트업에는 젊은 사람이 어울린다고들 하는데, 그 말은 좋은 의미에서 경험이 적기 때문일 것이다. 그러니 스타트업에서 활약하는 시니어에게는 언러닝하는 능력이 있다고 봐야 한다. 버릴 것을 확실히 버리고 겸허한 자세로 배울 수 있는 사람은 나이와 무관하게 활약한다.

이렇게 두 단계를 거치면서 깨달음을 얻으면 ③단계에서 기존의 방식은 어디까지 사용할 수 있고 어디서부터 사용할 수 없는지를 분석하고 수정한다. 이것이 언러닝의 3단계다.

자동으로 언러닝하는 법

언러닝의 배경에는 성장하려는 욕구가 있다. 팀원들의 성장 의욕이 높으면 언러닝에 긍정적일 테지만, 성장 의욕이 낮으면 언러닝에 부정적인 분위기가 형성된다. 그리고 주위에 공부하는 사람이 없는데 혼자 공부하려면 어렵다. 그러니 우리는 언러닝을 하기 좋은 환경에 속하는 것이 좋다.

고문을 맡고 있는 기업에 가면 앵커에서 쌓은 여러 경험을 알려주기도 하지만, 나도 배우는 바가 많다. 나로서는 고문으로 일하면서 앵커의 방식이 얼마나 재현성 있는 방식인지를 확인하는 동시에 언러닝의 기회로도 삼고 있는 셈이다.

이렇게 다양한 기업의 다양한 사람들과 대화하고, 과제를 발견하고 해결책에 관해 세세하게 고민하는 과정을 통해, 나는 큰 깨달음을 얻었으며 언러닝과 러닝을 동시에 실행하게 되었다.

다른 경영자와의 소통도 이와 비슷하다. 실적을 계속 올리고 있는 경영자를 만나면 지금까지 내게는 없었던 점을 러닝하면서 자연스럽게 언러닝까지 할 수 있다. 이 과정에서 우리 회사의 새로운 전술과 새 무기를 발견해낼 때도 많다.

경영자뿐 아니라 주변에서 성과를 올리는 모든 사람, 모든 분야의 전문가에게

"요즘은 어떤 사람이나 이슈에 주목하십니까?"

"최근에 읽은 책이 뭔가요?"

라고 솔직하게 물어보는 방법도 있다.

실제로 만나지 않더라도 관심 인물의 X 계정을 팔로우하면서 그들의 사고방식을 접하는 방법도 좋을 것이다.

새 소프트웨어를 설치하면 기존의 소프트웨어가 자동으로 언러닝되는 것과 비슷하지 않은가?

'작은 일을 확실히 마무리하는 습관'은 실패 극복에 필수

노력해도 결과가 따르지 않을 때가 있다. 그러나 성과는 하나의 지표일 뿐이다.

코로나 당시, 식당들은 아무리 노력해도 매출이 늘지 않았다. 하지만 그때 성장이 멈춘 것인가 하면 꼭 그렇지는 않다. **성장하고 있어도 성과로 이어지지 않을 수 있기 때문이다.**

우리는 실패를 통해 많은 것을 배울 수 있다. 그런데 실패에서 배움을 얻으려면 판단 과정을 명확히 해야 한다. 우선 '○○라는 과제에 대해서는 ××라는 방법이 통할 것이다'라고 명확히 정해두자. 그러면 결과가 만족스럽지 않을 때 '이런 관점이 빠져있었구나', '이 분석이 잘못되었구나'라고 분명히 짚어낼 수 있다.

이렇게 하면 잘못을 수정하는 것만으로도 문제를 해결할 수 있는 경우가 많다.

그러니 '나도 모르게 실패했다', '어쩌다 보니 잘되었다'라는 상황은 **없어야 한다.** 왜 실패했는지를 모르면 다시 실패할 테고, 왜 잘 되었는지를 모르면 다음에도 잘되게 할 재현성이 없다. 재현성이 없으면 실패가 이어진다.

그리고 인간은 실패가 반복되면 감정적으로 지쳐버린다. 그럴 때는 **작은 일을 확실히 마무리하는 습관**이 필요하다.

자기 능력을 크게 넘어선 도전은 실패하기 쉽고 금세 지친다. 다이어트만 봐도 그렇지 않은가? 갑자기 10kg을 빼기는 힘들다. 조금만 요요가 와도 염증이 느껴져 포기하는 사람이 많다. 차라리 2주에 1kg을 빼겠다는 목표를 세우면 조금은 의욕이 생길 것이다. 실제로 2주 후에 1kg이 빠지면 성취감을 얻는 동시에 자신감도 생긴다. 이 자신감이야말로 지속하는 데 중요한 요소다. 그런 다음 서서히 목표를 올려 누적 2kg, 5kg, 최종 10kg을 목표로 잡으면 된다.

그런 식으로 **'할 수 있다'라는 사실을 확인하면서 자신에게 작은 기쁨을 선사해야 한다.**

3

역 T자형,
역 π자형 인간이 되어라

나는 **역 T자형 인간, 역 π자형 인간**이 되라고 강조한다(도표 2). 역 T자형 인간은 **한 가지** 전문 분야에 폭넓은 식견을 갖춘 인재를 말하고, 역 π자형 인간은 **여러 가지** 전문 분야에 폭넓은 식견을 갖춘 인재를 말한다.

역 T자, 역 π자의 세로축은 전문적인 지식과 기술, 가로축은 종합적인 지식과 기술을 나타낸다.

과거 일본 사회에서는 회사 내에서 제너럴리스트(generalist)로 살아갈 수가 있었다. 그래서 대부분이 다양한 부서를 거친 뒤,

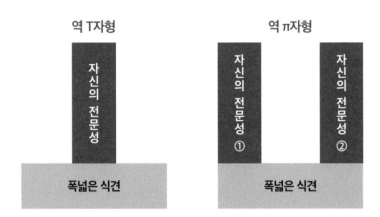

간부나 임원으로 승진하는 길을 걸었다. 하지만 지금은 탄탄한 전문성이 없으면 커리어 향상이 어렵다.

또 과거에는 스페셜리스트(specialist)인지 제너럴리스트인지 양자택일을 강요받는 분위기가 있었다. 그런데 이 둘은 배치되는 개념이 아니다. 몇 년마다 강제로 업무 순환을 강요하는 환경은 한 회사 안에서 꼭대기까지 오르는 데는 유용할지 모르나, '나만이 할 수 있는 일'이라고 내세울 만한 전문성을 갖추는 데는 비효율적이다.

비즈니스 퍼슨으로서 기본적인 업무 기술을 갖추면서 한 가지 이상의 전문성을 최고 수준으로 갖춘 사람은 어디서나 활약할 수 있다. 자신의 전문성을 한두 가지 갖추어야 커리어 형성의 가로축을 넓힐 수 있는 것이다. 전문성에 폭넓은 지식과 기술까지 겸비하면 노동시장에서의 가치는 자연스레 높아진다.

본업으로 성공하라

요즘은 부업이랍시고 자신의 다양한 업무 기술을 헐값에 파는 사람들도 많다. 하지만 제대로 전문성을 익혀 본업에서 결실을 보는 것이 좋다. 적어도 20대에는 본업을 소홀히 하면서 부업에 손을 뻗지 않았으면 좋겠다. 나는 서른 살이 될 때까지 본업 이외의 일을 해본 적이 없다.

컨설팅이나 펀드 회사에 있다 보니 주식투자 같은 부업은 제한이 많아 하기 어렵다는 사정도 있었지만, 결과적으로 본업에 집중할 수 있는 여건은 나중에 도움이 되었다. **본업에서 압도적인 성공을 거두어야 자신의 시장가치를 높일 수 있기 때문**이다. 그 덕에 서른세 살에 앤커 그룹을 통틀어 최연소 임원이 될 수 있었던 것 같다. 어설프게 이것저것 하지 말고 본업을 통해 '역 T자형 인간'이나 '역 π자형 인간'이 되자.

우선은 역 T자형 인간을 노리기를 바란다. 누구나 처음에는 가진 것이 없다. 그러나 학교 교육을 받고 나면 아무것도 없던 바탕이 점점 다져지고, 그러는 동안 자신이 뻗어나가고 싶은 분야를 의식적으로 강화하게 된다. 이때 대학이나 전문학교 등에서 배우는 내용뿐 아니라 일을 통해서도 세로축을 점점 늘려야 한다. 그래야 경쟁자에게 없는 기술을 익힐 수 있고 '눈에 띄는 존재'가 될 수 있다.

전문성 곱절인 '역 π자형 인간'이 되어 시장가치를 올리려면

다양한 전문성을 갖추면 훨씬 특출난 존재가 될 수 있다. 그것이 역 π자형 인간이다. 전문성이 두 가지만 되어도 그 사람의 시장가치는 몇 배로 높아진다.

전자상거래도 내 전문 분야 중 하나다. 특히 대형 온라인 쇼핑몰의 판매 전략이나 D2C 사업을 성장시키는 방법에 관해서는 그 과정을 직접 경험했기 때문에 예리한 감도 있다. 아울러 20대 때부터 경영전략, 조직전략에 관한 의사결정에도 관여해 왔다. 컨설팅과 펀드, 그리고 제조업 부문에서 쌓은 경험 말고도 타사의 사외이사나 고문도 일부 맡고 있으니 객관적으로 보더라도 꽤 독특한 이력이다.

미래를 예측하기 어려운 세계 정세 속에서 **제 손으로 벌어 먹고**

살려면 남들에게 없는 독자적인 면모를 갖추어야 한다. 그것은 부업이 아닌 본업에서 성공을 이룰 때 볼 수 있는 경치다. 회사 안팎에서 대체 불가능한 존재가 되었을 때, 당신의 시장가치는 한 단계 높아진다.

단, 역 T 또는 역 π의 세로축 부분을 어디까지 늘릴지는 따져볼 여지가 있다. 전문 분야를 비즈니스에서 활용할 수 있는 수준까지 파고들지, 연구자 수준까지 파고들지에 따라 시간 이용법이 많이 달라질 테니 말이다.

전문성을 높이는 동시에 관련 분야를 넓히는 이점

비즈니스는 종합적인 능력이다. 자신의 전문성을 높이다 보면 주변 분야에 관해서도 자연히 깊게 알게 된다. 전문 분야가 마케팅인 경우, 영업이나 회계도 인접 분야이기 때문에 배울 기회가 생긴다. 이처럼 한 가지 전문 분야만 파고들 것이 아니라 관련 분야를 배우면서 지식을 넓고 깊게 쌓는 것이 좋다.

마케팅 전문가가 되고 싶으면 영업을 공부하면서 실제 영업 현장도 경험해봐야 한다. 마케팅만으로는 비즈니스가 완성되지 않으므로 앞뒤 영업 과정도 경험해야 이해가 깊어진다.

나는 앤커재팬의 사업 부서장으로 입사해 처음에는 핵심 부문인 마케팅과 영업 업무를 개선하는 역할을 했다. 그다음에는 공급망 관리(SCM: Supply Chain Management)의 운영을 손질했다. 컨설팅, 펀딩이 전문이었던 나에게 SCM은 특히 미지의 분야였다.

예를 들어, 디배닝(devanning, 컨테이너에서 화물을 내리는 작업)이나 네스테이너(nestainer, 창고에서 쓰는 보관용 선반) 같은 기본 용어도 몰랐고, 최적의 물류 시스템이 어떤 건지도 몰랐다.

납품 기한은 어느 정도가 좋은지, 불량률은 몇 %가 타당한지 등 이상적인 상태에 관한 개념이나 그것을 실현하기 위한 기초지식이 없으면 업무 개선은 불가능하다. 그래서 기초 지식은 관련 서적으로 습득하는 동시에 핵심적인 내용은 현장 관계자에게 직접 알아내는 방식으로 현장을 보면서 개선작업을 추진했다.

또 **가로축(폭넓은 식견)을 갖추고 있으면 한층 깊은 이야기를 할 수 있다.** 다른 기업 경영자와 대화할 때, 그 경영자나 해당 기업에 관한 기초 지식만 있어도 배움의 양이 크게 달라진다.

이는 세미나 수강 전의 예습과도 같다. 사외 세미나에 가서도 강사에 관해 조금만 더 알거나 주제에 관한 책을 읽어두면 훨씬 많은 깨달음을 얻을 수 있고, 정곡을 찌르는 질문을 던질 수 있다. 기본에 관해 약간만 공부해도 이해도가 대폭 높아지니 결과적으로는 자신에게도, 상대에게도 큰 수확이 아닐 수 없다.

4

나의 공부법

장기에서 최선의 수는

경영에서 승리의 방정식과 같다

앞에서도 언급했다시피 나는 중고등학교 때 장기부 소속이었다. 장기부 학생들은 아침마다 개인 연습을 했다. 보통은 프로기사의 전체 기보가 실린 『将棋年鑑(장기연감)』이라는 책을 보고 따라서 두는 연습을 했다. 그렇게 해서 '프로기사는 이런 국면에서 이렇게 두는구나!' 하는 사실을 알 수 있었다. 물론 기본 원칙을 책으로 공부했지만, 프로기사의 실전 기록을 통해 장기를 깊이 있게 배운 것이다.

  최선의 수를 배우는 것은 '기본 중 기본'이었다. 장기는 처음

수십 수는 최선의 수를 외워서 두지 않으면 불리하므로 일단 기본적으로 익혔다. 이는 **선인들의 구체적인 대국 사례를 추상화해서 성공 방정식을 끌어내는 작업**이다. 법칙성을 찾고 틀(방정식)을 파악하는 행위인 것이다.

장기뿐 아니라 스포츠, 디자인, 건축, 음악, 회화 등의 세계에도 틀이 있다. 틀을 파악해 놓으면 승리의 방정식을 재현하기 쉬워진다. **틀을 알고 대국에 임하면 실전에서 생각할 시간을 줄일 수 있으므로 더 본질적인 부분에 시간을 쓸 수 있다.**

비즈니스에서도 틀을 파악하는 힘이나 추상화하는 능력이 있으면 타인의 사례를 자신에게 적용해 성공 확률이 높은 기법으로 몇 번이든 재현할 수 있게 된다. 추상화하는 능력을 익히려면 올바른 훈련을 계속해야 한다. 틀을 의식하면서 수많은 구체적 사례를 접하는 것이다.

무수한 성공 사례에서 추출한 성공의 틀을 많이 보유하면 할수록 피가 되고 살이 된다. 그리고 그 끝에는 틀을 넘어선 무언가가 있음을 깨닫게 된다. **틀을 모르는 번뜩임은 단순한 감에 불과할 뿐, 재현성이 없다. 틀을 익혀 틀을 넘어선 번뜩임에는 다음 성공을 끌어내는 재현성이 있다.**

무슨 일이 있어도 익혀야 할 두 가지 학문

"나이 들기 전에 뭘 공부해두면 좋을까요?"

이제는 나보다 젊은 구성원이나 학생들에게 질문을 받는 일이 잦아졌다. 직업이 다양하다 보니 일률적으로 말할 수는 없지만, 일반적인 비즈니스 퍼슨이 커리어와 연봉을 높이 위해서라면 '**회계와 영어**'라고 자주 답한다.

이유는 언제 배워도 내용이 거의 변하지 않기 때문이다. 영어는 언어이고, 회계의 경우 기준은 다소 변하지만, 근본은 크게 바뀌지 않는다. 재무제표를 읽지 못하면 기업 경영을 할 수 없기에 직급이 높아지면 회계 지식은 필수다.

특히 영어는 가성비가 좋다. 직무 내용에 따라 다르지만, 영어만 할 줄 알아도 100만~200만 엔 정도 연봉이 높아진다. 임원급이면 그 차이가 더 벌어지기도 한다.

일본인이 영어를 익히는 데 필요한 학습 시간에 관해서는 여러 설이 있지만, 대략 평균 잡아 2000~3000시간이 필요하다고 한다. 그런데 초중고에서 영어를 배우는 시간은 881시간이다.* 2000~3000시간의 중간치인 2500시간이 필요하다고 하면,

---

* 미우라 히데마츠, 「英語学習ポートフォリオの導入意義と開発に関する一考察(영어 학습 포트폴리오의 도입 의의와 개발에 관한 일고)」, 「무코가와여자대학 정보교육연구센터 기요」, 2021.

1619시간이 부족한 셈이다. 힘들겠지만, 하루 두 시간씩 공부하면 2년 3개월 정도면 도달할 수 있다는 계산이 나온다. 2년 3개월 공부해서 연봉이 100만~200만 엔 오른다고 생각하면, 자신의 미래를 위해 노력하는 것이 좋지 않을까?

네 가지 '시간 만드는 법·쓰는 법'

공부는 하고 싶지만, 도무지 시간이 없는 사람도 있을 것이다. 시간을 만들어내는 방법은 기본적으로 다음 네 가지밖에 없다.

1 효율화

2 선택과 집중

3 동시 처리

4 아웃소싱

▶ ① 효율화

시간은 살 수 있다. 이 말을 들으면 어떤 생각이 드는가? 가령, 수십 엔을 절약하려고 한 시간을 들여 먼 곳에 있는 마트에 가던 사람이 집에서 5분 거리의 편의점을 이용했다고 하자. 마트보다 편의점은 비싸지만, 그만큼 시간을 절약할 수 있다. 이건 이동

시간을 산 것이다. 전철로 이동하던 사람이 택시를 이용하면 절약한 시간만큼 일을 할 수 있다. 택시비가 자기 시급보다 저렴하면 활용하는 것이 좋다.

이는 낭비가 아닌 투자다. 수면시간처럼 살 수 없는 시간도 있지만, **살 수 있는 시간은 사는 편이 중장기적으로 돈을 더 많이 벌 수 있다.** 택시비를 투자해 시간을 사고, 그 시간에 일의 아웃풋을 늘리거나 공부를 함으로써 장래 연봉을 늘리면 투자액 이상의 리턴을 얻는 셈이다. 단, 자신의 생산성 수준을 고려해 단계적으로 올려야지, 그렇지 않으면 낭비가 되기 쉬우므로 주의해야 한다.

나도 20대 때는 택시를 많이 타지 않았다. 내 생산성이나 시급이 그렇게 높지 않아 수지 타산이 맞지 않았기 때문이다. 전 세계 유명 경영인들이 전용기를 타는 것도 시간에 대한 투자다. 그들의 시급이 그 비싼 이동비를 웃돌기 때문이다. 그들은 개인 전용기를 타야 회사나 사회에 더 많은 가치를 부여할 수 있다.

▶ ② 선택과 집중

선택과 집중은 '하지 않을 일을 정하는 것'을 말한다. 게임도 하고 싶고, 축구도 하고 싶고, 캠핑도 가고 싶은 사람이 있다고 하자. 하지만 그 모두를 한 번에 할 수는 없다. 시간은 유한하므로 자신을 성장시키려면 용기를 내서 무언가를 버려야 한다. 목표를 달성하는 데 필요한 일에는 시간을 들여야 하지만, 그만큼 다른 데 쓸 시간을 줄일 수밖에 없다.

꼭 해야 할 일보다 하지 않아도 될 일을 철저히 따지자. 인생은 선택의 연속이다. 하지 않을 일을 정하면 하고 싶은 일에 쓸 수 있는 시간이 늘어난다.

나는 20대 때, 장래에 하고 싶은 일, 원하는 연봉을 머릿속으로 그렸다. 그리고 원하는 바를 이루는 데 필요한 일, 시간을 들여야 할 일이 무엇인가를 따졌다. 20대에는 전문 분야 공부에 집중해 비즈니스의 기초 지식과 기술을 철저히 쌓기로 했다. 30세가 넘어서는 정보를 폭넓게 얻고 그에 따라 시간을 쓰고 있다. 다른 경영자와의 소통에 쓰는 시간도 늘었다. 또 일에 쓰는 절대 시간을 조금씩 줄이고 휴식 시간도 전보다 늘리고 있다.

직급이 올라가면 의사결정이나 결재의 빈도가 늘어나므로 밤늦게까지 엑셀이나 파워포인트 작업을 하는 일은 줄어든다. 오히려 늘 냉철한 판단을 할 수 있도록 머리를 쉬게 하는 것이 중요하다.

선택과 집중의 범위에 사생활도 포함된다. 성장 속도를 높이고, 일의 생산성을 높이기 위해서다. 모든 시간을 공부와 일에 쓰기 위해서가 아니다. 최종 목표는 효율을 높여 삶을 풍요롭게 하고, 사회에 도움이 되는 것이다.

▶ ③ 동시 처리

나는 집에서는 스피닝 자전거를 타면서 태블릿으로 뉴스를 읽으며 X를 한다. 하고 싶은 일이 너무 많은 나 같은 사람은 동시에 할 수 있는 일이 있으면 줄이지 않고 할 수 있으니 검토해보는 것도 좋을 것이다.

개인적으로는 인풋 방법에서 소개한 것 중에 오디오북 듣기를 추천한다. 독서가 습관화되지 않은 사람일수록 '오늘은 책을 읽을 거야!'라고 벼르고 시작하는 사람이 많다. 그런데 그렇게 하면 오래 계속할 수 없다.

'듣기'라는 방식은 참으로 편리해서 양손, 양발, 심지어 눈도 놀고 있기 때문에 동시에 여러 가지 다른 일을 할 수 있다. 음악을 들으면서 일이나 공부하는 사람이 많은데, 그것을 독서로 대체하기만 하면 된다. 이 방법이라면 충분히 계속할 수 있다.

개중에는 책 내용을 들으면서 다른 공부를 하면 뇌가 혼란스러울 거라고 걱정하는 사람도 있을 것이다. 하지만 익숙해지면 둘 다 해낼 수 있을 뿐만 아니라, 더 익숙해지면 2배속, 3배속으로 들을 수도 있으며 뇌도 활성화된다. 꼭 시도해보기를 권한다.

▶ ④ 아웃소싱

기본적인 생활만 하는데도 집안일은 산더미처럼 쌓인다. 혼자 살아도 요리, 빨래, 청소를 피할 길은 없다. 나는 평소 식사는 외식이나 배달로 해결하므로 직접 음식을 만들지 않는다. 요리가 취미인 사람은 일석이조여서 효율적이겠지만, 그렇지 않은 나 같은 사람에게는 필수적인 시간이 아니다.

세탁은 세탁기와 건조기를 이용한다. 그리고 기본적으로 이 두 기기로 세탁을 해결할 수 있는 옷만 입는다. 다림질이 필요한 옷 등은 조금 비싸지만, 세탁소에 맡긴다. 집 청소는 로봇청소기를 돌리고 간단한 물청소는 직접 한다. 욕실의 경우 제대로 청소하려면 시간이 걸리기 때문에 업체에 정기적으로 의뢰하고 있다.

물론 아웃소싱을 선택하면 배달업자, 세탁소, 청소업체에 추가 비용을 내야 한다. 하지만 이것도 택시와 마찬가지로 시간을 산다고 생각하면 이득이다. 특히 시간 절약을 도와주는 가전기기는 초기 투자가 비싸다고 느껴질지 몰라도 사용 빈도를 고려해 역산하고 감가상각을 따져보면, 나뿐 아니라 여러 독자에게도 상당한 이득이 될 수 있다고 본다.

사생활과 일을 모두 알차게

이 네 가지 '시간 만드는 법·쓰는 법'으로 만들어낸 시간을 어떻게 이용할까? 일이나 공부에 쏟아 부어야 할까? 사실은 그렇지 않다.

나는 해외 드라마를 좋아해서 자주 보는데, 한 번 빠져들면 계속 다음 에피소드가 보고 싶어져서 상당한 시간을 쓰게 된다. 특히 해외 드라마는 다음 편이 어떻게 될지 기대감을 잔뜩 불어넣기 때문에 무심코 밤늦게까지 보게 된다. 이런 오락 시간을 조금이라도 확보하기 위해 나는 해야 할 일의 효율을 높이고, 시간을 만들어낼 궁리를 한다.

배우자나 자녀가 있는 사람은 만들어낸 시간으로 가족과 보내는 시간을 늘릴 수 있다. 가족과의 소통이 늘어나면 사생활도 원활해질 뿐 아니라 평소 스트레스도 줄일 수 있을 것이다.

제6장 '게으름 피우는 습관'에서 자세히 다루겠지만, **책상 앞에 계속 앉아 있기보다는 숨 돌릴 시간이 있어야 성과를 극대화할 수 있다. 놀아야 일상생활도 즐거워지고 일도 더 잘 굴러간다.** 제3장에서 소개한 방법을 실천해 놀이와 일이 조금이라도 더 알차게 돌아가면 여러분의 삶은 더욱 빛날 것이다.

제 4 장

인수분해
습관

1

인수분해 능력이
업무 능력

분해에 관한 데카르트의 명언

철학자 르네 데카르트(1596~1650)는 **"어려운 문제를 풀 때는 가능하고 필요한 만큼 최대한 분해하라**(Divide each difficulty into as many parts as is feasible and necessary to resolve it)**"**라고 말했다고 한다.

이 같은 관점은 비즈니스에서도 중요하다. **나누는 것은 아는 것이고, 알면 대책을 세울 수 있다.**

매출을 늘리고 싶은 사람이 있다고 하자. 그런데 욕구가 곧 해결 수단은 아니다. 매출을 늘리겠다는 욕구와 목표를 실현할 구체적인 수단은 따로 고민하고 찾아야 한다.

예를 들어, 전자 상거래의 매출을 인수분해해보면, '**세션**(페이지

방문자) × CVR(conversion rate: 구매전환율) × **평균 단가**'로 나눌 수 있다. 우선은 이렇게 요소를 분해해야 한다. 세션을 크게 둘로 분해하면 '고객 스스로 검색해서 찾아가기', '기업이 광고 등을 통해 고객 끌어들이기'로 나눌 수 있다. 또 온라인 쇼핑몰의 경우, '기업이 광고 등을 통해 고객 끌어들이기'를 다시 분해하면, 그 쇼핑몰 안에서 광고하는지, 밖에서 광고하는지로 나눌 수 있다.

단지 일례에 불과하지만, 상사가 '매출을 올리라'고 요구한다고 허둥대서는 안 된다. 평소 이처럼 차분하게 **'나누어서 생각하는 습관'**을 들여야 한다. 되도록 잘게 나누어야 과제가 선명하게 드러날 뿐 아니라 더 구체적인 수단을 찾기 쉽다.

MECE는 왜 중요한가?

인수분해를 했으면 그다음에는 **각 요소의 관계성**을 따져본다. MECE(Mutually Exclusive and Collectively Exhaustive)라는 용어를 들어본 사람도 많을 것이다. 직역하면 '서로 중복되지 않고 전체적으로 누락이 없다'라는 뜻이지만, '겹치지 않으면서 빠짐없이 나눈 것'이라고 이해하면 된다.

비즈니스의 과제가 크고 복잡할수록 직접적인 수단은 바로 찾아지지 않는다. 앞에서 든 예처럼 상사에게 매출을 올리라고 요구받았을 때 무엇을 해야 할지 금방 알 수 있는 경우는 드물다.

그런데 그냥 나누는 것과 MECE를 신경 써서 나누는 것은 전혀 다르다. 분해 시에 누락이나 중복이 있으면, 해결이 어려워지거나 몇 번이고 같은 일을 반복하는 낭패를 겪을 수 있기 때문이다.

분해할 때는 제1장 전체 최적의 습관에서 언급한 '**거시적인 관점**'이 중요하다. 일단 숲을 보고 그 뒤에 나무를 보는 식이다. 전체를 봐야 분해할 수 있다. 정신없이 생각에 빠져들다 보면 시야가 점점 좁아지고 세세한 부분에 집착한 나머지, 전체를 놓치기 쉽다. 전체를 내려다보면서 빠짐없이, 겹치지 않게 살펴야 한다.

보조배터리를 예로 들면, 우선 시장 전체를 파악해본다. 온라인에서 팔리는지 오프라인 매장에서 팔리는지를 말이다. 온라인 판매가 큰 경우, 그 안에서 고객이 어떤 점을 중점적으로 검토하는지를 본다.

가령 '용량당 가격'을 중시하는 사람이 많다는 점을 알아냈다고 하자. 그러면 '보조배터리의 매출을 늘리려면 어떻게 해야 할까?'라는 막연한 과제는 '온라인에서 잘 팔리는 용량의 제품을 경쟁사보다 나은 가격에 내놓을 수 있을까?'라는 구체적인 과제로 바뀌게 된다.

이는 단순화한 예이므로 모든 과제가 이처럼 한 가지 수단으로 해결되는 것은 아니지만, 효과적인 수단의 우선순위를 정할 때도 유용한 방법이다. 분해하면 어떤 수단이 필요한지에 대해서 가설을 쉽게 설정할 수 있다.

인과관계와 상관관계

현대 비즈니스에서 데이터 분석은 필수다. 그런데 데이터 자체는 단순한 숫자의 나열에 불과하다. **중요한 것은 데이터를 '어떻게 해석하는지'다.** 이때 숫자를 제대로 해석하기 위해서도 분해는 필요하다.

비즈니스에서는 A와 B, 두 숫자 사이에 관계가 있는 것처럼 보일 때가 있다. 예를 들어, 아이스크림 매출과 수해 발생 건수가 모두 여름에 늘었다는 데이터를 보았다고 하자. 이 두 숫자는 **상관관계에 있으나 인과관계는 아니다.**

상관관계란 A와 B 사이에 무언가 관련이 있다는 의미다. 수학적으로는 A가 증가할 때 B는 증가 혹은 감소하는 경향이 인정되는 관계다.

한편, 인과관계는 A로 인해서 B가 변동하는 것이다. 여름이라 물가에 갈 기회, 아이스크림을 먹을 기회가 모두 늘지만(상관관계),

아이스크림 매출이 늘었기 때문에(줄었기 때문에) 수해가 늘어난(줄어든) 것은 아니다.

A와 B, 두 숫자가 상관관계에 있을 때는 다음과 같은 패턴이 나타남을 기억하면 된다.

- A가 늘면(줄면) B가 늘어나는(줄어드는) '인과' 관계
- B가 늘면(줄면) A가 늘어나는(줄어드는) '인과' 관계
- C라는 별개 요소가 늘면(줄면) A와 B가 늘어나는(줄어드는) '상관으로 보이는' 관계
- 단순한 우연

'인수분해'는 정확성과 속도가 생명

가령 '코로나 때문에 보조배터리의 매출이 줄어든 것은 코로나로 외출이 줄면서 시장 전체가 침체했기 때문'이라고 인과관계를 단순화하는 것은 위험하다. 코로나라는 큰 환경적인 요인 때문에 침체했으니 어쩔 수 없다고 생각해, 특별히 대책을 세우지 않겠다는 결론을 낼 수도 있기 때문이다. 다른 경쟁사는 역풍 속에서도 신제품을 투입해 점유율을 확대하고 있을지도 모른다.

이번에는 코로나로 시장 전체가 마이너스 20%의 성장세를 기

록했다고 해보자. 이때 자사의 매출 하락이 40%라면 그 차이인 20%는 다른 요인이 작용했을 것이다.

인수분해는 빠르고 정확해야 한다. 구체적으로 예를 들면, 시장 전체가 침체했다는 가설 자체를 의심한 상태에서 제품 점유율과 관련된 요소, 즉 온라인에서는 검색 순위나 판매 순위 변동, 오프라인 매장에서는 상품 진열에 주목할 만한 변화는 없는지 등을 빠짐없이 살피는 일이 중요하다는 말이다. 만약 판매 순위가 떨어졌다면 시장 여건과 무관하게 자기 회사가 지고 있다는 이야기다.

비즈니스가 복잡하고 과제의 원인마저 복잡할수록 '인수분해'를 정확하고 빠르게 실행할 수 있는지가 승패를 가른다.

1차 정보가 중요한 이유

데이터는 가급적 1차 정보를 살피는 것이 좋다. 기업은 흔히 설문조사를 통해 시장을 파악하고 소비 실태를 읽어내려 한다. 독자 여러분 중에도 기업 또는 일반 소비자로서 그 같은 조사에 관여한 사람이 있을 것이다.

그런데 설문조사에 응답할 때 사람들은 얼마나 진지하게 응답할까? 우리 회사의 설문조사를 살펴보면, '상품을 어디서 구매

했습니까?'라는 물음에 대해 판매하지도 않는 채널에 ○를 치는 사람이 일정한 수로 있다. 또 회사 인지도와 관련해서는 조사 방법이 조금만 달라도 10% 이상 결과에 차이가 난다.

설문 등 무언가를 통해서 얻는 2차 정보는 의심해야 한다. **자신이 직접 보고 들어서 얻는 1차 정보를 주목하는 습관이 중요하다.**

오해가 생기지 않도록 보충 설명하자면, 2차 정보도 중요하므로 우리 회사도 설문조사를 포함한 여러 방식을 활용하고 있다. 시간은 늘 제한적이라 관련된 모든 1차 정보를 살피기는 불가능하다. 또 1차 정보에 집착하다 보면 사업 속도가 느려지는 것도 사실이다. 핵심을 파악하되 전체를 대략 파악하고 싶을 때는 2차 정보 분석만으로도 충분할 때가 많다.

하지만 중요한 의사결정을 할 때는 1차 정보, 즉 자기 눈이나 귀로 확인한 정보를 바탕으로 판단해야 한다. 실패하더라도 그렇게 해야 수긍할 수 있다. 무엇보다 실패했을 때 2차 정보 제공처는 아무런 책임을 지지 않는다.

앵커 직영점 후보지 등을 정할 때, 나는 전체 후보지를 미리 둘러보고 오픈 준비에도 직접 간여한다. 고객의 실제 시선과 세세한 동선은 현지에 가야만 알 수 있다.

해당 점포에 투자할지를 판단할 때, 접하는 데이터는 대부분은 2차 정보다. 주변 인구나 상업시설의 특설 정보 등을 이용해 매출을 예상하는 등 데이터는 분석할 수 있지만, 그것만으로는 간과하는 정보도 많다. 주변 인구는 많으나 점포 앞은 동선이 나빠 유동 인구가 적다거나, 가로등이 어두운 탓에 여성들이 꺼리는 도로가 중간에 있다거나, 층 전체가 애초에 브랜드 이미지와 맞지 않는 등의 정보가 그렇다.

현장에서 자기 눈과 귀로 확인하면 감을 익힐 수 있다는 장점도 있다. 현장에 대한 감 없이 들은 이야기나 자료 같은 2차 정보만으로 출점을 결정해서는 안 된다. 또 입점 후 좀처럼 매출이 오르지 않아 점장과 개선 아이디어를 논의할 때도 현장을 봤을 때는 더 구체적으로 제안할 수 있다.

2차 정보를 분석한 뒤, 1차 정보로 확인하고 수정한다면 판단 오류는 훨씬 적어질 것이다.

분석은 머리가 아니라 몸으로

엑셀 분석만으로 필요한 데이터 분석이나 가설 설정이 끝난다고 생각하면 안 된다. 머리가 좋은 사람일수록 책상머리 분석으로 똑똑한 해답을 얻을 수 있으리라 생각하는 경향이 있는데, 그래서는 일류 비즈니스 퍼슨이 될 수 없다. 실제로 공장에 가서 생산 현장을 보거나 매장에 나가보면 사무실 책상에서는 절대 깨닫지 못하는 것들을 수두룩하게 발견할 수 있다.

가설은 조금이라도 더 정밀하게 세워야 한다. 겉모습만 '똑똑해' 보이는 분석은 쓸모가 없다.

2

가설 사고를
익혀라

가설 사고가 중요한 이유

비즈니스에서는 미래 예측이 중요하다. 또 이때는 '○○하면 좋겠다. 왜냐하면 ××이니까'라고 논리적으로 사고해야 한다.

가설이란, 정보 수집 도중 또는 분석 작업에 들어가기 전에 설정해두는 '임시 해답'이다. 사람들은 '정보는 많을수록 좋다', '그래야 좋은 판단을 할 수 있다'라고 믿는다. 이는 AI가 장기를 둘 때 수를 찾는 방식과 같다. 생각할 수 있는 모든 수를 읽고 최선의 수를 두려는 것이다.

그런데 인간이 그렇게 하다가는 정보를 수집하는 동안 너무 많은 시간이 흐르고 만다. 논리적 사고만으로 한 수씩 시행착오를 반복한다면 문제 해결에 엄청난 시간이 걸릴 것이다. 또 모든 가능성을 시시콜콜 따져서 결론을 도출하려 한다면 시간과 일손 부족으로 성과를 낼 수 없을 것이다. 결국 문제의 본질에 도달하기도 전에 상황은 끝나고 만다.

장기로 단련한 직감과 가설 사고

나는 장기를 통해 가설 사고를 익힐 수 있었다. 장기에는 규칙상으로는 한 국면에 100수 정도의 선택지가 있지만, 정해진 시간이 있기 때문에 애초에 모두 검증하기란 불가능하다. 여러 선택지 중에서 수 초 안에 몇 가지 후보 수(가설)를 떠올린 다음, 그에 대해 어느 것이 최선일지를 검증해야 한다.

가설을 세우면 생각하는 시간을 현저히 단축할 수 있다. 우리는 눈앞의 현실과 자신의 지식을 바탕으로 다음 정세를 읽고, '아마도 이렇게 될 것'이라는 유력한 가설을 세우고 검증해 나가야 한다. 가설을 세우면 검증해야 할 항목이 줄어들어 효율적으로 문제를 해결하거나 결론에 도달할 수 있다.

고교 시절 장기부에는 '3분 장기' 훈련이 있었다. 서로에게 주어진 시간은 단 3분이었고, 시간을 다 쓰면 그 시점에서 승패가 갈리는 방식이었다. 초반에는 1초에 한 수씩 둔다. 점점 생각이 많아져 시간이 오래 걸리기 마련이지만, 중반 또는 막판의 중요 국면이라고 해서 한 수에 10초 또는 수십 초씩 쓸 수는 없다. 이 연습 덕에 직감이 단련되었다. 3분 장기에서 중요한 것은 직감으로 두기는 하지만, 어림짐작으로 마구 두면 진다는 점이다.

짧은 시간에 최선의 수를 계속 두기는 어렵지만, 너무 대충 두면 순식간에 형세가 불리해져 전세를 뒤집기가 어려워진다. 그런 의미에서 '3분 장기'는 비즈니스에도 필요한 즉각적 가설 설정 연습이었다.

가설 사고는 시간을 대폭 단축한다

사람들은 비즈니스에 '제한 시간'이 있다는 사실을 잘 모른다. 제한 시간이 있는 만큼 무슨 일이든 시간을 정해서 해야 집중력을 발휘할 수 있다. 장기에 제한 시간이 있다는 사실은 누구나 알지만, **비즈니스에도 실은 보이지 않는 체스 클락**(대국 시계)**이 존재**한다. 이 사실을 모르면 제한 시간을 놓쳐 패배를 맛보게 된다.

비즈니스 퍼슨은 제한된 시간 내에 결과를 내야 하므로 가설 사고를 익혀야 한다. 가설 사고가 숙달되면 '성과의 공식'에서 '질(인풋×사고 시간) × 양(시행 횟수) ÷ 시간' 부분을 대폭 강화할 수 있다.

$$성과 = \{ 질 \times 양 \div 시간 \} \times \{ 미션 \times 가치 \}$$

　가설 사고를 익히면 설령 '임시 해답'이 틀리더라도 재빨리 잘못을 깨닫고 새로운 '임시 해답'을 세울 힌트를 얻을 수 있다.

　의사와 경찰이 일하는 방식을 예로 들어보자. 의사는 환자의 증상을 보고 병을 짐작한다. 지식과 경험에 근거한 가설을 이용해 진단을 내리는 것이다. 온갖 경우의 수를 있는 대로 조사한 뒤에 진정한 원인을 알아내려고 하면, 시간이 너무 많이 걸려 손을 쓸 수 없을지도 모른다.

　경찰도 범인을 잡을 때 가설을 세운다. 무작정 찾기보다는 범인을 예상한 뒤에 찾아 나선다. 예상이라는 행위는 가설 설정과 거의 같다. 초동수사에 시간이 오래 걸릴수록 범인이 도주할 가능성은 커진다. 검거율을 높이려면 초동수사의 속도가 중요한데 이때 필요한 것이 가설 사고다.

　사람들은 일상생활에서 가설 사고를 무의식적으로 활용한다. 예컨대 날씨 좋은 여름철 주말에 운전하다가 '이 도로는 해수욕장으로 향하는 도로와 만나니까 막힐 거야'라고 예상하는 것도 가설이다. 그래서 정체 예상 구역을 찾아보는 것이 검증이고, 혼잡할 것 같으면 '일찍 출발'하거나 '다른 경로를 선택'한다. 이처럼 누구나가 처음에 '임시 해답'을 정해둔다.

그런데 비즈니스만 하려고 하면, 정보를 최대한 모으고 끝없이 분석하는 '총망라식 사고'에 빠진다. '총망라식 사고'는 결과적으로 논리와 이유가 선행되므로 의사결정에 시간이 오래 걸린다.

'선 가설, 후 데이터'로 업무 속도 높이기

컨설턴트 시절, 나는 '가설 설정'에 관해 철저한 주입식 교육을 받았다. 일상이 가설 사고의 훈련이었다고 해도 과언이 아닐 정도였다. 과제를 하나하나 분석해 답을 도출하는 것이 아니라 일단 '임시 해답'을 설정한 뒤 그것을 분석하고 증명했다. 그렇게 하면 문제 해결 속도가 눈에 띄게 빨라진다.

앤커재팬에 입사했을 때, 당시만 해도 점유율 1위에 오르지 못한 제품 카테고리가 있었다. 어떻게 하면 이 카테고리를 1위로 끌어올릴 수 있을지 가설 사고로 따져보았다.

경쟁 제품에 비해 성능은 비슷한데 가격에서 지고 있다면 '가격을 내리면 이길 수 있지 않을까?', 성능이 비슷하고 가격도 같다면 '성능을 조금만 더 높이면 이길 수 있지 않을까?', 그게 아니라면 양판점에서만 사는 사람도 있으니 '아마존뿐 아니라 양판점에서도 판매하면 매출이 오르지 않을까?' 등 늘 가설을 세웠다.

이야기를 듣는 사람으로서는 당연하게 느껴질지도 모른다. 그런데 직접 일하는 사람들은 가설, 즉 임시 해답을 만들기보다 일단은 데이터를 모으는 습관이 몸에 익어 있을 수 있다. 그러나 **가설이 먼저고 데이터가 나중이다.** 이 습관만 들여도 일은 훨씬 빨라진다.

직영점에서도 주효한 가설 사고

생산하는 충전기 제품 수가 많아지자 각 제품 간 차이를 파악하기 어려워졌다. 그래서 우리는 고객이 쉽게 알 수 있도록 성능 비교표를 만들었다. 그때 '성능 차이를 표시해 놓으면 고객이 쉽게 고르고 쉽게 사지 않을까?'라는 가설이 있었다.

그런데 이 가설은 온라인 판매에서는 효과를 발휘했지만, 실제 매장에서는 그렇지 않았다. 온라인 고객은 비교적 제품과 기술에 관한 이해도가 높아 성능 비교표를 볼 줄 아는 사람이 많은 데 비해, 오프라인은 그렇지 않았던 탓이다. '2만mAh', '파워 딜리버리 기능' 등을 표기해놓아도 그 의미를 잘 모르는 사람이 많았다.

그래서 오프라인에서는 별도의 가설을 세웠다. '성능 비교표의 전달력이 떨어진다면 이용 상황으로 호소하면 되지 않을까?'라는 가설이었다.

'2박 3일 이상 여행에 최적'

'스마트폰뿐만 아니라 노트북도 충전 가능'

이렇게 했더니 고객의 이해도가 훨씬 높아졌다.

성능을 호소해야 구매하는 층이 있는가 하면, **용도**를 호소해야 구매하는 층이 있다는 말이다. 남자가 여자에게 핸드크림을 선물하려고 할 때, 백화점에 가 본들 브랜드 이외의 차이를 아는 사람은 적지 않은가? 그럴 때 **'여성을 위한 선물 세트'**를 선보이면 여러 사람이 환영하는 것과 같은 이치다.

정량 데이터뿐 아니라 정성 데이터까지 있어야 진정한 무기

나는 직원들에게도 가설 사고를 요구한다. 내가 직영점 사업 담당자에게 했던 첫 요구는, '매출과 이익을 극대화하라'라는 단순한 내용이었다.

점장을 포함한 관계 구성원들은 그 요구를 인수분해하기도 하고 가설 사고를 사용하면서 실행했다. 100명의 내점객 중에 구매자가 10명뿐이었다면, 접객이 나쁜 탓인지, 배치 방식이 나쁜 탓인지 등으로 분해해서 개선해야 한다.

그럼, 여기서 여러분에게 던지는 질문이다.

'매장에 설치하는 제품 POP는 영문 표기가 좋을까? 일본어 표기가 좋을까?'

영문 표기는 외국인도 알아볼 수 있고, 무엇보다 볼품이 난다. 따라서 POP는 일단 돋보여야 매장도 멋있게 꾸며지고 고객도 좋은 인상을 받으므로 매출 증대에 도움이 될 거라는 가설을 세울 수 있다.

그러나 현실에서는 그 가설대로 가는 경우가 대단히 적다. 영문으로 표기하면 오히려 현장에서 고객의 질문이 늘어나는 통에 점원에게 추가 노동이 발생해 효율이 떨어지거나, 그 일거리를 줄이기 위해 일본어로 표기한 스티커를 덕지덕지 붙여야 할 수도 있다. 결과적으로 일본어로만 표기했을 때보다 지저분해진다. 고객에 대한 안내가 목적이라면 **'이해도'가 최우선시되어야 하며 '외견'은 그다음 고려 사항이 되어야 한다.**

이처럼 가설은 어디까지나 가설일 뿐 늘 정답이 될 수는 없다. 단, 이 사례처럼 가설이 크게 잘못되었다고 느끼면, 그 즉시 수정해서 새로운 가설을 세우고, 개선의 계기로 삼아야 한다.

앤커 직영점에서는 '이해도'라는 관점에서 매장에 소형 모니터를 설치해두고 이미지나 동영상을 이용한 소개를 늘리고 있다. 일반적으로 이미지의 정보 전달력은 문자의 7배, 동영상은 문자의 5000배라고 하니 그 가설을 실행해본 것이다. 그 결과, 구매율이 올랐다.

이런 소소한 가설 검증을 반복하니 서서히 매장 매출이 늘었다. 이 같은 정보는 매일 폐점 후, 각 점포에서 보내주는 일일 보고에 공유된다. 일일 보고에는 내점 고객 수, 판매 수량, 매출 등 정량 데이터 외에 **정성적인 정보**도 기재된다.

예를 들어, 이런 정보다.

- 가족이 함께 방문한 고객에게 '아웃도어 겸 재해 대비용 휴대 전원이 있으면 안심할 수 있다'라고 안내했더니 구매했다.
- USB 케이블 단자의 차이에 관해 비슷한 질문이 많기에 POP에 단자 그림을 추가했더니 개인 구매 고객이 늘었다.

가설 검증 사례를 공유하면 다른 매장에서도 신속하게 도입할 수 있어 좋다. 이러한 시책이 모든 매장에서 효과를 거둘 거라고 장담할 수는 없지만, 하나의 대책으로 활용할 수는 있다.

그리고 이렇게 새로운 정보는 바로 다음 날부터 새 가설을 세우는 새로운 무기가 된다.

일상에서 실천할 수 있는 가설 사고 훈련

가설 사고는 훈련을 쌓으면 누구나 잘할 수 있다. 장기를 둘 때 후보 수를 세 가지 정도 떠올릴 수 있는 것은 평소 훈련을 했기 때문이다.

나는 우선 임시 해답을 생각하기를 권한다. 그리고 주저하지 말고 가설을 세운 뒤, 틀리면 새 가설 세우기를 반복하라고 말한다.

일본에서는 학교 교육을 통해 '주어진 과제를 푸는' 습관이 들기 때문에 가설 사고 익히기가 상당히 어렵다. 시험 문제는 의심할 필요 없는, 100% 올바른 전제이기 때문이다.

하지만 일을 할 때는 스스로 문제를 설정하는 훈련이 필요하다. 그다음으로는 주변에 어떤 문제가 생겼을 때 '왜?'라고 그 원인을 생각하라고 권한다.

'근력운동이 유행이다'라는 말을 들으면 왜 근력운동이 유행인지를 따져본다. '건강에 관해 관심이 커졌기 때문'이라는 가설을 세웠다면, 다음에는 '왜 건강에 관해 관심이 커졌지?'라는 식으로 '왜?'를 반복하면서 깊이 파고들어야 한다.

나는 '인기 만화 『귀멸의 칼날』은 왜 유행하게 되었을까?'를 파고든 적도 있다. 귀신이 된 여동생을 인간으로 되돌리기 위해 싸운다는 일관된 축, 매우 명쾌한 캐릭터와 인간관계, 어린아이도 느낄 수 있는 분명한 희로애락 등 누구나 즐길 수 있는 단순함이 유행의 요인 중 하나라고 생각한다.

물론 스토리가 단순한 작품이 모두 인기를 얻는 것은 아니다. 공전의 히트 이면에는 복합적인 이유가 있었다. 잡지 〈주간 소년 점프〉의 성공 공식으로 알려진 '우정·노력·승리'라는 요소를 다루었다는 점, TV와 넷플릭스에서 동시 방영된 점, 작화의 질이 매우 높았던 점, '○○의 호흡'처럼 아이들이 따라 하기 쉬운 필살기가 있었다는 점, 여러 기업의 협업이 조기 실현된 점 등 수많은 요소가 유기적으로 연동되어 있었던 것이다.

마지막으로, 일상에서 당연하다고 느끼는 것들에 대해 '왜?'라는 질문을 던지는 것도 좋다. 가령, '응접실은 왜 존재하는가?' 같은 식이다. 소파는 너무 푹신푹신해서 자세가 나빠지고, 테이블은 너무 낮아서 컴퓨터 작업을 하기 어려우니 회의실보다 나은 점이 없어 보이기도 한다. 단지 인사를 나누자고 그 방에서 만나는 것은 시간 낭비며, 분위기보다 업무 효율이 더 중요하다는 생각도 든다. 예전에는 필요했겠지만, 요즘 시대에는 필요 없다는 생각도 해본다.

이런 가설이 맞는지는 알 수 없다. 또 그 외에 다양한 의견도 있을 수 있다. 다만, 이렇게 일상에서 벌어지는 일이나 느끼는 바를 바탕으로 가설을 세우는 것도 훈련이 된다.

제1장에서 언급한 '전체 최적의 습관'도 가설 사고 강화에 도움이 된다. 영업사원이 '제조팀이라면 어떻게 생각할까?' 같은 의문을 품거나, 평사원이라도 '부장이나 과장은 어떻게 생각할까?'라는 질문을 던져봄으로써 기존과는 다른 가설을 세울 수 있다.

가설 설정을 도울 일곱 가지 무기

가설을 설정할 때 다양한 기법은 큰 도움이 된다. 다만 그 종류가 많다는 점이 어렵게 느껴질 수 있는데 모두 외울 필요는 없다. 여러 기업에서 범용적·실용적으로 이용되는 것은 다음 일곱 가지다.

① STP

Segmentation(시장 세분화), Targeting(표적 시장 선택), Positioning(자사의 위상)을 토대로 마케팅 전략을 수립하는 기법이다. 고객을 A,

B, C로 나누고 어느 층에 주로 접근할지 검토한 뒤, 경쟁 상품에 대해 자사의 상품이 어떤 포지션을 확립할지를 결정한다.

② 3C

Customer(시장·고객), Competitor(경쟁사), Company(자사)라는 관점에서 자사를 둘러싼 환경과 여건을 정리하는 기법이다.

③ 4P

Product(상품), Price(가격), Place(유통), Promotion(판촉)의 관점에서 마케팅 전략을 분석하는 기법이다.

④ PPM

'Product Portfolio Management(프로덕트 포트폴리오 매니지먼트)'의 약칭으로 '시장성장률'과 '시장점유율'의 두 가지 축으로 분석하는 기법이다. 자사 사업군을 스타(Star), 캐시카우(Cash Cow), 프라블럼 차일드(Problem Child), 도그(Dog)의 네 개 포지션으로 분류하고, 그 장래성을 파악함과 동시에 경쟁 기업과의 매출 격차를 가시화한다.

⑤ 5W1H

When(언제), Where(어디서), Who (누가), What(무엇을), Why(왜), How(어떻게)라는 육하원칙에 따라 간단하고 과부족 없이 논점을 정리해 새로운 문제 해결의 실마리를 찾는 기법이다.

⑥ SWOT

자사의 현 상황을 분석하고 사내외 여건을 바탕으로 전략을 수립하는 기법이다. Strength(강점), Weakness(약점), Opportunity(기회), Threat(위협)의 요소를 적절히 조합해서 전략을 생각한다.

⑦ 5Forces

업계 전체를 분석할 때 사용하는 기법이다. 업계 내 ①경쟁자, ②고객, ③공급업자, ④신규 진입자, ⑤대체재를 자사의 위협 요소로 분석한다.

이를 깊이 이해하고 올바르게 분석해 가실을 세울 수 있으면 과제를 해결할 실마리를 찾기 쉽다. **사용할 무기(기법)의 종류를 무작정 늘리기보다 각각의 사용 횟수를 늘려야 실질적인 도움이 된다.** 예를 들어, 다음과 같은 문제에 직면했다고 해보자.

【 문제 】

최근 경쟁사에서 출시한 신상품의 영향으로 자사 시장점유율이 떨어진 것으로 나타났다. 그 신상품은 자사의 주력 상품과 비슷한 사양인데도 가격이 저렴하게 책정되어 있었다.

이 상황을 어떻게 봐야 하는가? 4P를 활용해보자.

이 경우, 경쟁사에 맞서 '가격을 낮추어야 한다'라고 단편적으로 결론을 낸다면 졸속 전략이다. 가격과 사양만 본다면 검토항목이 너무 적으므로 더 다각적인 관점에서 분석할 필요가 있다(도표 3).

도표의 가격 인하에 해당하는 Price(가격) 전략 외에 Product(상품), Place(유통), Promotion(판촉)의 관점에서 시장을 분석해 과제를 특정해야 한다. 분석 결과, 다음 세 가지를 알 수 있었다.

● **Product(상품)** … 고객은 구매 시 제품의 작고 간편함을 중시한다. 경쟁사와 사양은 같지만, 자사 제품은 이 점을 충족하지 못한다.

● **Place(유통)** … 소매점 내 진열 상황을 보면, 매장 수에는 차이가 없으나 자사의 경우 매장 내 진열대가 눈에 잘 띄지

도표 3. 생각해보자~문제의 원인과 과제 특정

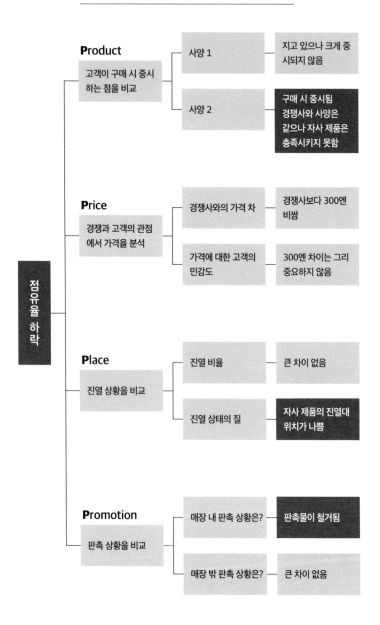

Product 고객이 구매 시 중시 하는 점을 비교	사양 1	지고 있으나 크게 중 시되지 않음
	사양 2	구매 시 중시됨 경쟁사와 사양은 같으나 자사 제품은 충족시키지 못함
Price 경쟁과 고객의 관점 에서 가격을 분석	경쟁사와의 가격 차	경쟁사보다 300엔 비쌈
	가격에 대한 고객의 민감도	300엔 차이는 그리 중요하지 않음
Place 진열 상황을 비교	진열 비율	큰 차이 없음
	진열 상태의 질	자사 제품의 진열대 위치가 나쁨
Promotion 판촉 상황을 비교	매장 내 판촉 상황은?	판촉물이 철거됨
	매장 밖 판촉 상황은?	큰 차이 없음

점유율 하락

않는다.

● Promotion(판촉) … 매장에 설치한 판촉물이 철거되었다.

이런 내용을 분석하지 않고 가격부터 내렸다면 점유율을 회복하지 못하고 이익만 줄었을 것이다. 분석을 통해 과제를 특정해야 소구점 재검토, 진열대 확보, 판촉물 재설치 등 적절한 대응책을 취할 수 있고, 이익률을 유지하면서 점유율을 회복할 수 있다. 이처럼 일상 업무 속에서 대표적인 기법들을 사용함으로써 자신의 무기를 갈고 닦아야 한다.

이는 스포츠 훈련과 마찬가지다. 기본적인 규칙이나 동작에 대한 지식은 필요하지만, 결국 몸을 쓰는 방법은 스스로 움직이며 익힐 수밖에 없는 것이다.

사내 연수가 자비 부담인 이유

우리 회사에서는 가설 사고나 로지컬 싱킹(logical thinking) 등의 연수를 자비로 받아야 한다. 원래는 학습이 아니라 실제 업무를 통해 익숙해지는 것이 좋지만, 기초 지식을 배운다는 의미에서 연수를 실시하고 있다.

연수 강사는 사내 구성원이다. 과거에는 회사 부담으로 외부 연수업체를 쓴 적도 있지만, 본인 부담인 지금이 수강자 만족도가 높다. 아무래도 실무를 담당하는 매니저가 우리 회사에서 실제 일어난 사례를 들어 강의하기 때문에 이해도가 높은 것이다. 프로젝트 매니지먼트 강의는 사업 부서 매니저가, 재무 관련 강의는 경리 매니저가 맡는다.

연수 내용은 녹화해서 클라우드에 올리기 때문에 공부하고 싶은 사람은 언제든지 시청할 수 있고, 이후에 입사한 직원들도 볼 수 있다. 그리고 연수 마지막에는 이해도를 확인하는 간단한 시험이 있는데 수강자는 이 시험을 통과해야 한다. 이 간단한 시험 양식도 강사가 직접 구글 폼으로 작성한다. 이렇게 하면 강사는 자신이 전하고 싶은 내용을 정리할 수 있고, 수강자에게는 제대로 배우려는 동기를 부여할 수 있으며, 인사팀은 이수 이력을 관리하기 쉬운 장점이 있다.

3

백캐스팅 사고

백캐스팅 사고란?

구체적인 미래상을 그린 뒤, 그 미래를 실현하기 위한 현재의 행동을
결정하는 것을 '백캐스팅(Backcasting)'이라고 한다. 사람은 누구나 자
신이 원하는 미래를 이루기 위해 지금 당장 행동할 수 있다. 장
래의 이상적인 모습을 이루기 위해 언제까지 무엇을 해야 할지
생각해보자.

나는 이 '백캐스팅 사고'가 매우 중요하다고 생각해서 '가까
운 장래에 이런 모습이 되어 있겠다'라고 정해놓고 그것을 실현
하기 위한 가설을 늘 세우고 있다.

이와 반대로 현재나 과거의 데이터에서 미래를 예측하는 것을

'포어캐스팅(Forecasting)'이라고 한다. 사적으로나 비즈니스에서나 포어캐스팅 사고법이 더 일반적일 것이다. '올해 매출이 얼마고, 내년에는 몇 % 늘어날 것 같으니 결국 얼마가 될 것이다'라는 식이다.

물론 이 사고법이 중요할 때도 있다. 하지만 자신도 모르는 사이에 성장 속도가 한계에 부딪히는 경우가 많다. 구체적인 예를 들어 설명해보자.

교수님과의 협상에 활용한 백캐스팅의 마력

목표를 정해놓고 거기서부터 역산하면 무엇을 해야 할지가 분명해진다. 자신이 되고자 하는 모습에서 현재 모습을 뺄셈하는 방식이다. 목적과 수단은 뒤바뀌기 쉽다. 무엇을 하고 싶은지, 그러려면 무엇을 해야 할지를 생각하자.

등산을 예로 들면 이렇다. 처음부터 어떤 도구가 필요한지 생각하면 안 된다. 집 근처 낮은 산으로 하이킹을 갈 때와 에베레스트를 등정할 때는 장비가 전혀 다르기 때문이다.

커리어도 마찬가지다. **어떻게 되고 싶은가 하는 목표를 정하는 것이 중요하다.** 그것이 불명확한 상태로 공부를 시작하면 영어 공부 자체가 목적이 되거나 고작 자격증 취득이 목표가 될 수도 있다. **영어나 자격증은 수단일 뿐이다.** 목표 없이 온갖 자격증을 취득하는 사람은 목표와 수단이 역전된 것이다.

앞서 언급했듯이, 나는 미국 대학에 입학하면서 처음 외국에 나갔다. 영어로 읽고 쓰기는 어느 정도 할 수 있었지만, 듣기와 말하기는 서툴러서 솔직히 처음에는 수업을 따라가기 힘들었다. 미국 대학에서는 일본과 달리 시험 점수 외에 출석 점수나 토론 참여 점수도 성적에 반영했다. 중간과 기말고사 점수를 합쳐도 그 비율이 전체의 절반밖에 안 되는 수업도 있었다.

토론은 물론 영어로 진행했다. 원어민이 하는 영어를 듣는 데서 그치지 않고, 직접 발언까지 한다는 것은 유학 1년 차였던 당시의 나에게는 매우 어려운 일이었다. 그래도 나는 '**이 수업에서 무조건 A를 받겠다**'라는 높은 목표부터 설정했다. 지금 생각하면 너무나도 뻔뻔한 짓이었는데 A를 받으려고 담당 교수에게 이렇게 제안하며 협상했다.

"**나는 유학 1년차라 토론에 참여하기 어렵다. 리포트 과제를 추가로 할 테니 토론 참여 점수로 인정해 달라.**"

'A'를 받겠다는 목표에서 역산한 뒤, 이를 위해 무엇을 할 수 있을지 따져서 직접 담판한 것이다. 협상 결과, 추가 리포트 과제를 두 개 받았고, 거기서 높은 점수를 받을 수 있었다. 물론 시험은 변명이 통하지 않으니 필사적으로 공부했다. 하지만 결과적으로 토론에는 거의 참여하지 못했음에도 A를 받을 수 있었다. 토론 참여 점수를 조금이라도 더 받을 수 있는 수단에 주목했다면, 결코 A를 받을 수 없었을 것이다.

참고로 이 사례의 경우, 담당 교수가 거절했어도 나는 잃을 것이 없었으니 사실상 '노 리스크 하이 리턴'의 협상이었다. 이 방법이 재현성이 있다고 장담할 수는 없지만, **이루려는 목표를 위해 내가 할 수 있는 일을 한계점까지 생각하는 습관은 지금도 남아 있다.**

취업에도 활용한 백캐스팅

나는 취업 준비생일 때도 백캐스팅 사고를 활용했다.

'보스턴 커리어 포럼'이라는 취업박람회가 있다. 매년 11월경 미국 보스턴에서 사흘 동안 개최되는 세계 최대 규모의 행사로, 영어와 일어 이중언어 구사자를 위한 일본 기업의 채용 이벤트다. 전 세계에 퍼져 있는 100여 개 일본 기업이 모이므로 일본에서 취업을 준비하기 어려운 유학생들에게는 반가운 자리다.

이곳을 찾는 구직자들은 누구나 기본적으로 영어를 구사하기 때문에 영어 실력은 강점이 되지 않는다. 그러니까 그 외의 능력을 보여주어야 한다는 뜻이다. 그래서 나는 내가 강점으로 부각할 수 있는 요소들을 역산해 구직 시장에서 남보다 유리한 위치에 서겠다고 결심했다.

그 방법 중 한 가지가 기업 인턴십에서 실적을 올리는 것이었다. 인턴 자격이라도 실제 기업에서 일한 결과, 성과를 낼 수만 있다면 지망하는 기업에서도 똑같이 활약할 수 있는 인재임을 증명할 수 있을 것으로 생각했기 때문이다.

그래서 2학년에서 3학년으로 넘어가는 여름방학 3개월 동안 (6~8월), 나는 일본으로 돌아가 IT 기업에서 인턴으로 일했다. 하루 여덟 시간, 주 40시간 근무하면서 SEO(검색엔진 최적화) 대책과 웹 광고에 관한 제안서를 썼다. 인턴을 마친 뒤, 그 대책은 성과로 이어져 고객 유치 성공률이 상승했다고 들었다. 나는 보스턴 커리어 포럼에서 이 같은 실적을 강조해 3학년 겨울에 취업 내정자로 정해졌다. 이것이 바로 백캐스팅 사고의 힘이다.

백캐스팅은 리더의 필수 관점

펀드사 시절에는 비즈니스에서 백캐스팅 사고가 왜 필요한지를 절실히 느꼈다. 대학을 졸업한 직후의 컨설턴트 시절에도 백캐스팅 사고는 필요했지만, 그때까지만 해도 미숙했던 탓에 깊이 인식하지는 못했다. 그런데 펀드사로 옮긴 뒤에는 기업가치를 어떻게 끌어올릴지에 관한 폭넓은 시각이 요구되었다.

과제 하나하나를 해결하는 것은 물론이고, 전체 매출과 이익, 나아가 기업가치에 어떤 영향을 주는지 젊었을 때부터 파고들 수 있었으니, 귀한 경험이었다. 물론 당시에는 경험이 적고 시야가 좁은 탓에 매일 같이 상사에게 혼나면서 반강제로 배웠다.

최근에는 우리 회사 회의에서도 백캐스팅 사고에 관해 이야기하는 일이 늘었다. 특히 젊은 직원들은 과거의 성공 경험을 토대로 매출과 이익을 늘릴 방법을 찾기 일쑤다. 포어캐스팅 사고에 빠져 현재 매출과 이익에서 얼마나 더 늘릴지를 고민하는 것이다. 그것도 중요하지만, 리더라면 더 큰 그림을 그려야 한다.

'배터리 매출을 10% 올리겠다'라는 작은 관점뿐만 아니라, '이렇게 하면 회사 전체의 미션을 조기에 달성할 수 있을 것이다'라는 큰 관점(전체 최적)에서, 눈앞의 일을 매번 재평가해야 한다. 그런 리더가 많은 회사와 적은 회사는 성장 속도가 완전히 다르다. 업계 1위를 목표로 한다면 꼭 필요한 관점이다.

큰 그림을 그리면 상식은 바뀐다

'에인션트 드래곤'이라는 종이접기 작품이 있다(도표 4). 종이접기 작가 가미야 사토시가 한 장의 큰 종이로 만들어낸 정밀하고 박

도표 4. **<에인션트 드래곤(Ancient Dragon)>**

진감 넘치는 작품으로 『神谷哲史作品集(가미야 사토시 작품집)』의 표지를 장식한 작품이다.

이 작품은 일반적인 종이접기의 발상을 뛰어넘었다. 작가가 '학은 접을 수 있으니 이번에는 드래곤을 접어볼까?'라는 포어캐스팅 사고를 했다면 절대 만들 수 없었을 것이다. 나는 그가 처음부터 '드래곤을 접겠다'라고 생각한 뒤, 어떻게 하면 접을 수 있을까 하는 백캐스팅 사고를 했기에 실현할 수 있었다고 본다.

우리 회사는 배터리나 충전기 같은 일용품으로 브랜드를 만들 생각을 했다. 이는 앤커판 에인션트 드래곤이라고 할 수 있다. 경쟁이 치열한 '3LOW' 시장에서, 그것도 후발주자가 어엿한 브랜드를 만들 줄은 아무도 몰랐을 것이다.

큰 그림을 그리면 상식은 달라진다. 우리는 충전기 카테고리 안에서도 세분화한 제품을 개발하고 점차 개선해 온오프라인 매장을 다지면 이길 수 있다는 사실을 증명했다. 포어캐스팅 사고에 소박한 노력을 쏟아 조금씩 전진한 것이 아니라, 큰 그림을 그리고 그 그림의 퍼즐 조각을 하나씩 끼워나갔다.

백캐스팅의 목표 지점은 미션이 지향하는 곳과 맞닿아 있다. 왜냐하면 기업이 존재하는 목적은 미션을 달성하는 데 있기 때문이다. 우리의 미션은 'Empowering Smarter Lives'를 실현하기 위해 앤커 그룹의 기업가치를 극대화하고, 그에 따른 중장기 매출과 이익을 최대치로 끌어올리는 것이다.

미션을 실현하는 과정에서 우리는 '프로젝터 부문 1위 하기', '충전기로 브랜드 만들기' 등 어느 정도 큰 그림을 그렸다. 배터리 부문에서 1위에 오르지 못할 이유도 없었다. 1위 자리에 오르면 세상 경치가 달라진다. 1위는 변명하지 않아도 된다. 기업의 구성원들도 그런 목표가 있어야 가슴이 설렐 것이다.

눈높이를 높이는 방법

백캐스팅 사고라 하면 유체 이탈이라도 해서 자기 자신 또는 일을 높은 곳에서 내려다보는 이미지가 떠오른다. 이를 거시적인 관점이라고 해도 무방하다. 포어캐스팅 사고를 하면 목표로 향하는 길이 하나밖에 보이지 않지만, 백캐스팅 사고를 하면 높은 곳에서 내려다보기 때문에 다른 길도 볼 수 있다.

인기 비디오 게임 '슈퍼 마리오 브라더스'에 지름길이 있는 것처럼, 미션 달성에도 빠른 길이나 별도 해답이 늘 존재한다. 중요한 것은 빨리 목적지에 도착하는 것이다.

그러려면 백캐스팅 사고가 필요하고, 백캐스팅을 하려면 **높은 데서 내려다봐야 한다.** 그러한 눈높이는 경험을 통해 몸에 배지만, **늘 목표를 의식하기만 해도 눈높이를 높일 수 있다.** 그러니 전체 최적을 의식하면서 기업을 어떻게 성장시킬지를 생각하자.

영업 담당자 중에는 날마다 '가전 양판점 내 진열대 확보'에만 신경이 쏠려 있는 사람도 있을 것이다. 하지만 그것은 기업이 성장하기 위한 하나의 수단일 뿐이다.

목표를 의식하면 생각하지 못한 수가 보일 때가 있다. 가전 양판점만 볼 것이 아니라 생필품 마트에는 진열할 수 없을지 생각해보라는 말이다. 매출과 이익을 극대화한다는 목표를 따르는 동시에 높은 곳에서 내려다보는 시각을 가짐으로써 1위에 한 발더 다가가는 것이다.

4

속도가 생명이다

최고의 퍼포먼스를 최고의 동료와 기한 내에 해내기

전 넷플릭스 최고 인사책임자 패티 맥코드는 저서 『파워풀 – 넷플릭스 성장의 비결』에서 '비즈니스 리더의 역할은 훌륭한 일을 기한 내에 해낼 수 있는 훌륭한 팀을 만드는 것이다. 그것이 전부이며 이것이 경영진의 책무다'라고 말했다.

최고의 일을 최고의 동료와 기한 내에 해내기. 경영진은 이를 실현할 수 있는 확실한 여건을 조성해야 한다.

모든 일에는 기한이 있고 성장하는 기업은 모두 속도가 빠르다. D2C에서 잘 나가는 스타트업과 역사와 전통이 긴 제조사는 어떤 점이 다를까?

제품, 유통, 판촉, 나아가 가격까지도 보통은 오래된 제조사가 유리하다. 그런데도 D2C 스타트업이 유리한 위치에서 싸울 수 있는 이유는 오래된 제조사와는 전혀 다른 차원의 속도 때문일 것이다.

앤커재팬도 의사결정의 속도를 중시한다. 상사의 승인은 직급과 무관하게 영업일 기준으로 하루 이상 걸리는 일이 거의 없다. 사장이나 본부장의 손을 거치는 수백만 엔 규모의 승인도 슬랙 (Slack)으로 끝낸다. 구체적으로는 슬랙 플랫폼을 구축한 뒤 관리 시트로 넘겨 로그 관리를 하는 방식이다.

사내 규칙과 내부 통제상 필요한 승인 로그가 있을 때, 통제상 문제도 없고, 품의서는 애초에 존재하지도 않는다. 종이 품의서를 꾸미고 담당자가 도장을 찍어 올리면, 윗사람이 다시 도장을 찍는 방식을 고수하는 기업도 있다. 하지만 품의서의 목적은 승인 이력을 남기는 것이다. 과거 방식을 지속하는 것이 정말 최선일까? 눈부신 속도로 기술이 발달하는 시대다. 사내 절차부터 속도를 높여야 한다.

속도는 곧 의사결정의 횟수

독자 여러분 중에 앞으로 구직 또는 이직을 검토 중인 사람이 있다면 기업을 선택할 때 반드시 해당 기업의 속도감을 눈여겨봐야 한다. **의사결정이 빠른 회사에 들어가면 자신의 성장 속도도 빨라진다. 속도는 곧 의사결정의 횟수다. 비즈니스는 결단의 연속이다. 최종 결재자가 속도감 있게 결단을 내리면 구성원들은 그만큼 빠르게 여러 번 도전할 수 있다.**

결단은 일이 아니다. 결단 후에 시작되는 것들이 진짜 일이다. 그러므로 빠르고 정확한 결단이야말로 의사결정자의 가치라고 할 수 있다. 아무 생각 없이 도장만 찍어대는 관리직은 일을 한다고 할 수 없다. 조금이라도 빠르고 정확하게 결단을 내리기 위해 지식과 경험을 갖추어야 비로소 관리직이라 할 수 있다.

'성과의 공식'에 있는 '질 × 양 ÷ 시간'에서 '**÷ 시간**' 부분을 중시해야 한다.

성과의 공식

$$성과 = \{ 질 \times 양 \div 시간 \} \times \{ 미션 \times 가치 \}$$

경영자의 의사결정 횟수는 구성원의 성과와 성장으로 이어진다. 의사결정이 느리면 시행 횟수가 줄어들어 성공 가능성까지 떨어진다. 경영진의 의사결정과 프로젝트 진행이 빠른 기업에서는 그만큼 경험을 많이 쌓을 수 있다. 일단은 타석에 서야 안타든 홈런이든 칠 것 아닌가? 계속 삼진만 당한다면, 안타를 칠 수 있게끔, 개선조차 할 수 없다.

뛰어난 인재들은 빠르게 성장하고 싶어서라도 속도감 있는 기업으로 몰려든다. 그러면 그 기업의 성장 속도는 빨라지고 지속적인 선순환으로 연결된다.

의사결정이 느린 회사는 성장하고 싶은 사람에게는 좋지 않다. 뛰어난 인재가 그만두고 도전하지 않는 자만 남기 때문이다. 재빠르게 움직이지 못하는 사람이 늘면 실적도 정체된다. 시행 횟수가 줄어드니 성공 가능성은 더 줄어들 것이다. 악순환만 일어날 뿐이다.

1년치 이력서를 3년치 이력서로 변신시키기

우리 회사에 모인 사람들은 대부분이 속도감 있게 성장하고 싶어 한다. 그리고 구성원의 상당수가 '앤커의 1년은 타사의 3년과 맞먹는다'라고 말한다. 관여하는 프로젝트 수가 많아 실제로 타사의 세 배 정도 밀도감 있게 일하기 때문이다. 같은 시간을 일해도 가능한 한 많은 경험을 해야 성장이 빠르다.

빠르게 성장하는 구성원이 모이면 이는 곧 기업의 실적, 자산이 된다. 그래서 우리 회사는 **채용 시에 성장하고 싶어 하는 의욕을 중시한다.** 앞서 언급한 바와 같이 나 자신에게도 '성장'은 키워드이며, 경영자로서나 개인으로서나 계속 성장하기를 희망한다.

속도를 높이는 법

나는 원래부터 속도감 있게 여러 일에 도전해왔다. 컨설팅과 펀딩 일을 할 때도 열심히 도전했고, 앤커재팬 사업 부서가 출범할 때도 많은 일을 도맡았다. 그래서 어떻게 하면 효율적으로 일할 수 있을지를 생각하는 습관이 있다. 효율을 높이는 방법 중 한 가지는 **다양한 툴을 적극적으로 활용**하는 것이다.

엑셀이 없었으면 손쉽게 데이터 분석을 할 수 없었을 것이고, 슬랙이 없었다면 의사소통이나 의사결정의 속도가 지금만큼 빨라지지 않았을 것이다. 줌(Zoom)이나 구글 미트(Google Meet) 등이 없었다면 회의는 모두 대면으로 열어야 했을 테니 에너지를 꽤 낭비했을 것이다. 효율적으로 쓸 수 있는 무기를 찾기 위해 늘 둘러보고, 좋은 방법을 찾으면 낡은 방법을 교체해야 한다. 말하자면 **툴의 언러닝**이다.

효율을 높이는 또 하나의 방법은 **자신의 기초 실력을 키우는 것이다.** 일이 빨라도 결과가 조잡하면 의미가 없다. 실수가 잦으면 수정하는 데 시간이 걸리니 결과적으로 효율은 떨어진다. 속도를 의식하면서도 실수가 적어야 한다.

가령, 여러분이 상사인데 직원이 완성도 70%의 일을 다섯 개 제출할 때와 완성도 100%의 일을 세 개 제출할 때, 어느 쪽이 더 좋을까? 대부분 후자를 택할 것이다.

아웃풋의 양만 보면 다섯 가지 일을 해낸 전자가 높게 평가받겠지만, 상사로서는 다섯 가지를 모두 꼼꼼히 검토해야만 하기 때문이다. 또 나중에 그 직원에게 다시 일을 시키더라도 어딘가 빠진 부분이나 오류가 있지는 않은지 늘 의심도 해야 한다. 후자가 상사의 부담도 줄고 검토 시간도 짧다. 그리고 이는 곧 회사 전체의 생산성 향상으로 직결된다. 그러니 **양뿐 아니라 정확성을 높여 완성도 높은 일을 해내는 책임감을 가지자.**

그리고 빠른 결단에는 자신감이 필요하다. 경영자는 책임질 각오로 결재라는 행위를 한다. 자신이 없으면 계속해서 결정을 내리지 못하고 줄줄이 회의만 열게 된다. 속도감 있게 결정을 내리다 보면 '이것만 해결하면 되겠다'라는 감을 잡을 수 있다. 그

맛을 보고 나면 의사결정의 속도는 더 빨라진다.

학창 시절 오픈북 시험을 볼 때, 어디에 어떤 내용이 있는지 바로 찾을 수 있도록 포스트잇을 잔뜩 붙여본 기억이 있을 것이다. 시험장에 책을 들고 들어갈 수 있다고 해도, 시간이 정해져 있으니 핵심을 파악하고 있어야 편한 건 당연한 이치다. 이는 역 T자형 인간, 역 π자형 인간이 되고자 할 때도 어디까지 세로축을 늘려야 할지 따져볼 때 응용할 수 있다.

모든 지식을 외울 것이 아니라 '그 점은 이 책의 이 부분을 읽으면 알 수 있다' 정도만 파악하면 된다는 말이다. 나는 이것을 **'지식에 목차 매기기'**라고 부른다. 작지만, 이런 준비를 해두면 결단의 속도를 눈에 띄게 올릴 수 있다.

터크만의 '팀 개발 모델'

감을 잡으려면 '무엇이 중요한지'를 의식하고 있어야 한다. 대규모 세일 기획안이 올라왔을 때, 내가 확인하는 내용은 극히 일부다. 주로 잘 팔리는 제품의 재고 준비 상황이나 이익률의 타당성 등이다. 어쩌면 담당자나 매니저까지 간과한 부분이 있을 수는 있다. 하지만 전 제품의 품번 확인 등 세세한 점까지 내가 일일이 확인하는 것은 전체 최적이 아니다.

만일 잘못이 있더라도 사업 운영에 미치는 영향이 미미하다면, 이중 확인 작업에는 부가가치가 거의 없다. 어디까지 세밀하게 확인할지는 사업에 미칠 영향이 얼마나 될지, 시간은 얼마나 걸릴지, 일손은 충분한지를 토대로 정해야 한다.

그리고 중요한 부분만 보고 빠르게 결재한 뒤, 일찍 직원들에게 넘겨야 상대적으로 잘 굴러간다. 거꾸로 말하면 믿고 맡길 수 있는 사람들이 있어야 하는 것이다.

그런 의미에서 팀 개발 모델로 '터크만(Tuckman) 모델'을 소개한다. 터크만 모델이란, 심리학자 브루스 터크만이 제시한 조직 형성 이론으로, 팀은 형성부터 해산에 이르기까지 다섯 단계를 거쳐 이상적인 조직으로 성장한다는 학설이다.

그 다섯 단계는 ① 형성기(Forming), ② 혼란기(Storming), ③ 규범기(Norming), ④ 성취기(Performing), ⑤ 해산기(Adjourning)다(도표 5). 여기서 중요한 내용은 ④ 성취기, 즉 구성원들이 서로를 도와 팀의 수행 능력이 높아지는 시기는 네 번째 단계라는 점이다. 따라서 팀을 만들어 '처음부터 성취해야 한다'라고 생각하면 오히려 잘되지 않을 가능성이 크다.

처음 형성기 때는 **서로를 조금씩 이해**하고, 그다음 혼란기 때는 **필요한 갈등이 있음을 이해**하면서, 세 번째 규범기에서 **지향해야 할**

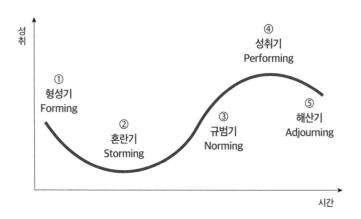

도표 5. '터크만 모델'의 다섯 단계

목적과 목표를 공유하다가, 마침내 네 번째 성취기에 이르렀을 때 제대로 성취하는 팀이 만들어진다. 그리고 무사히 목적을 완수한 뒤에는 해산기를 맞아 각자 새로운 길로 나아간다.

여기서 보듯이 팀 구성은 시간도 걸리고 스트레스도 많이 받는 작업이다. 하지만 개인이 낼 수 있는 생산성에는 한계가 있는 만큼, 팀을 구성하지 않으면 기업의 성장은 필연적으로 멈춘다. 좋은 인재를 채용하고, 키우고, 재빠르게 결단하며, 일을 맡겨야 한다. 그렇게 할수록 윗사람은 새로운 일에 집중할 수 있는 시간이 늘어나 더 빨리 1위에 다가갈 수 있다.

성선설과 속도의 관계성

어떤 일을 하든 정확성이 떨어지면 안 되겠지만, 그렇다고 모든 것을 완벽하게 할 필요는 없다. 기업 매출이 1엔 차이가 난다면 문제가 없는 것은 아니지만, 중요하지는 않기 때문이다. 감사법인이 감사에 들어갈 때도 모든 것을 1엔 단위까지 확인하지는 않는다. 감사에는 '중요도 기준'이 있어서 중요한 프로세스나 금액을 중심으로 확인한다.

대기업의 경우, 데이터는 방대한데 감사 의견을 내야 하는 마감일은 정해져 있으므로, 전체를 이 잡듯 확인하기는 애초에 불가능하다. 그렇지만 중요한 프로세스나 금액은 확인해야 한다. 대규모 회계 부정을 저지른 기업이 있는데 간파하지 못하면 문제가 되니 말이다. 정확성과 속도의 우선순위는 양자택일할 수 있는 문제가 아니다.

평소 경비 정산만 해도 그렇다. 상사는 해당 교통비가 타당한지를 일일이 확인하기보다 큰 금액만 확인하면 대부분 충분하다. 사업 전체에 미치는 영향을 생각할 때, 펜 한 자루를 살 때마다 타당성을 설명할 필요는 없는 것이다. 금액의 정확성은 분명 중요하지만, 그 부분은 경리가 최종적으로 확인하면 된다.

직원들을 신뢰할 수 있다면 규칙은 최소한이면 된다. **성선설과**

속도는 상관관계가 있다. 직원들이 부정을 저지르려 하지 않고 일에 전념한다면 규칙이 적어도 조직이 잘 돌아간다. 반대로 규칙과 도장 찍기에 속박당해 성장하지 못하는 기업도 많다.

앤커재팬은 100% 유연근무제를 시행하며 재택근무를 인정하지만, 직원들의 일거수일투족을 확인하는 시스템은 전혀 없다. 그래도 생산성이 유지되고, 굳이 심야에만 일하는 사람도 없다. 궁극적으로 기업은 미션과 가치에 따라 원하는 결과를 낼 수 있는지만을 확인하면 된다.

5

비합리의 합리

'비합리의 합리'란?

제4장에서는 인수분해의 중요성과 가설 사고 등에 관해 이야기
했다. 이 내용을 읽고 나라는 사람을 '100% 좌뇌 사고를 강조하
며 합리성을 최우선시하는 사람'으로 느꼈을지 모르지만, 전혀
그렇지 않다.

최근 나는 다른 경영자들과의 만남이 비즈니스의 폭을 넓혀
준다는 사실을 실감하고 있다. 그런 만남은 합리적인 판단으로
이루어진 것이 아니다. 술자리에서 우연히 옆자리에 앉은 분의
기업과 사업에 좋은 인상을 받아 함께 일한 적도 있다. 경영자
를 만난다고 하면 사전에 성과를 모른다는 점에서 언뜻 비합리

적으로 여겨질 수도 있지만, 오히려 결과적으로는 합리적일 때가 많다.

펀드사 시절에는 투자한 기업 측 사람들과 술자리가 잦았다. 스물여섯 젊은이였지만, 일이기 때문에 어쩔 수 없이 인생 선배들에게 온갖 지적을 해야 하는 위치였다. 그때는 내가 주주 입장이기 때문에 계속해서 강하게 지적하면, 표면적으로는 내 제안에 따르는 행동을 해주었다. 하지만 나라는 개인을 믿지 못해 '**이 사람과 함께 열심히 해보겠다'라는 마음이 들지 않으면, 상대는 바로 움직여주지 않았고 무엇보다 아웃풋의 질이 현저히 떨어졌다.**

그런 경험을 통해 음식을 함께 먹으며 상대와의 신뢰 관계를 구축하는 것이 무엇보다 중요하다는 사실을 알았다. 물론 술자리 소통이 모든 것을 해결할 수는 없다. 하지만 직접적인 업무 외의 장소에서 서로 알 기회가 있다는 것은 매우 중요하다고 본다. 뒤집어 말하면, 공통의 목표를 향해 서로 믿고 힘을 합하면 상세한 제언을 하지 않아도 좋은 아웃풋이 나올 수 있다는 의미다.

수단은 많다. 때로는 '**비합리의 합리**'를 생각하자. '**비합리의 합리**'란, 언뜻 합리적이지 않게 보이는 것이 사실은 합리적이라는 뜻이다.

목표를 달성하기 위해 합리적으로 생각하면, A 지점에서 B 지점까지 한길만 가는 것이 좋을 것 같지만, 옆길로 새더라도 목적지에 빨리 도착하기만 하면 된다. 도로로 달리지 않고 헬리콥터를 타도 무방하며, 남들이 모르는 지하 도로를 이용해도 문제없다.

고지식한 사람일수록 합리성을 작은 틀에 가두어놓고 생각하기 쉽다. 입사 초기부터 회사 행사나 회식에 절대 나타나지 않고 차라리 그 시간에 공부하는 편이 합리적이라고 생각하는 사람도 있을 것이다. 하지만 직장 동료와 편한 사이가 되면 막상 문제가 생겼을 때 원활하게 대처할 수 있을 테니, 그건 그것대로 합리적이라고 할 수 있지 않을까?

리더의 본질

리더가 되려는 사람은 **사적으로나 일에서나 인간적인 신뢰를 높여야 한다.** 좌뇌를 써서 합리적으로 일한다면 매니저까지는 승진할 수 있다. **하지만 리더에게는 합리성을 뛰어넘는 무언가가 필요하다. 직급이 올라가면 갈수록 인간적인 신뢰가 큰 힘을 발휘한다.**

능력은 좋은데 리더로서 부적절한 사람에게는 따르는 이가 없다. 그래서 능력도 좋고 인간적인 매력도 있어야 한다. 그 반대로 자신이 관장하는 부문의 비즈니스는 잘 모르면서 사람만 좋아도 안 된다.

리더의 본질은 구성원의 능력을 꿰뚫어 보고 잠재력을 끌어올

리는 것이다. 부모는 자녀의 호기심을 끌어내 노벨상급 연구자가
될 계기를 마련할 수도 있다. 가정에서 그렇듯 회사에서도 마찬
가지다. 회사에서도 구성원들을 키운다는 의미에서는 부모가 자
식을 키우는 것과 같은 방식으로 구성원을 성장시켜야 한다.

조직은 구성원 간 서로 존경해야 제 기능을 다할 수 있다. 서
로 존경할 수 없는 관계는 조직으로서 제 기능을 다할 수 없다.
능력이 뛰어나도 서로 으르렁거리는 팀은 밖에서 승리를 거둘
수 없다. 그래서 인간관계나 심리적 안정이 중요한 것이다.

유학 중에 경험한 '합리'와 '비합리'

나는 유학 중 경험을 통해 합리와 비합리를 알게 되었다.

먼저 '합리'에 관해 말하면 이렇다. 유학 초기의 목적은 영어
와 경영 지식을 동시에 배우는 것이었다. 실제로 취업한 후에 그
둘을 직접적으로 활용할 수 있었다. 그런 의미에서 미국 대학으
로 유학을 떠난 선택은 합리적이었다고 할 수 있다.

다음은 '비합리'다. 대학에서는 주로 영어와 경영을 배웠는데,
수업보다 더 좋았던 것은 시야가 넓어졌다는 점이다. 여러 나라
에서 온 학생들과 지내다 보니 나라별 사고방식의 차이와 다양
성의 중요성을 배울 수 있었다.

유학 초기의 주된 목적은 영어와 비즈니스를 배우는 것이었지만, 밖에서 일본을 바라본 경험이 더 큰 양식이 되었다. 무엇보다 해외에서 생활한 덕에 내 모국의 '장점'을 깨달을 수 있었다. 이는 공부라는 합리적인 목적에 따라 유학한 덕에 느낀 바가 아니라, 생활 속에서 비합리적으로 느낀 바라고 할 수 있다.

좌뇌와 우뇌의 활용법

합리와 비합리에 관련된 이야기로 좌뇌와 우뇌를 구분해서 쓰는 법을 이야기하려 한다.

인간의 뇌는 좌우로 나뉘어 각각 다른 기능을 한다고 한다. 좌뇌에는 언어 중추 기능이 있어 복잡한 사항을 질서 있게 해석하는 등의 기능을 담당한다. 우뇌는 공간적인 패턴을 인식하고 조작하는 기능을 맡는다. 이미지를 떠올려 전체상을 파악하는 등 정서적인 면도 담당한다.

광고나 디자인 등에 필요한 창의성은 우뇌가 발달한 사람이 뛰어난데, 경영자나 매니저는 디자인에 관해서도 알 필요가 있다. 결재자가 '이유는 모르겠지만 멋있다', '이쪽이 더 좋은 느낌이 든다'라는 모호한 기준으로 결정을 내리는 건 한심한 짓이다. 결재자는 **브랜드에 관해 좌뇌로 깊이 이해한 뒤, 그것이 우뇌의 작용**

으로 승화되도록 해야 한다.

화가는 우뇌를 활용해 정서적 작용이 바탕이 된 그림을 선보이면 되겠지만, 비즈니스 퍼슨은 아름다운 디자인뿐 아니라 제품의 장점을 이성적 판단에 따라 표현하도록 해야 하기 때문이다. **결과적으로는 고객이 사게 만들어야 한다.** 그러려면 어떻게 표현해야 제품의 매력을 최대한 끌어낼 수 있는지 좌뇌로 생각해야 한다. 마지막 단계에서 제품의 색상을 살짝 조정하자는 제안 정도는 감각의 영역으로 해결할 수 있지만, 그 단계에 이르기까지의 가설을 세우고 있어야 최종 결정을 내릴 수 있다. 그래서 결재자는 디자인 등에 관해서도 알아야 하는 것이다.

'고작 달걀 세 개 무게'의 탄생 비화

나는 보조배터리의 광고 카피로 '**고작 달걀 세 개 무게**'라는 표현을 쓴 적이 있다. 그때도 어느 날 갑자기 '달걀 세 개'라는 카피를 떠올린 것은 아니다. 출시 당시 1만mAh짜리 배터리가 180g이라고 하면 매우 가벼운 것이었는데, 아쉽게도 그 사실을 아는 사람이 매우 적었다. 그래서 사람들이 가볍게 느끼는 것 중에 비유하기 쉬운 것이 무엇일지를 생각하다가 달걀을 떠올렸다. 알아보니 달걀 한 개에 약 60g이었기에 달걀 세 개라고 표현한 것이다.

창의적인 작업은 일단 한계 지점까지 좌뇌로 밀어붙인 뒤, 마지막 순간에 우뇌로 결과물을 만들어낸다. 구성을 어떻게 할지 등은 기본적으로 좌뇌로 일한 결과다.

앞서 설명한 '**비합리의 합리**'는 '**무용지용(無用之用)**'이라는 다른 말로도 표현할 수 있다. 『장자』에 '사람들은 쓸모 있음의 쓸모는 알지만, 쓸모없음의 쓸모는 알지 못한다'에서 인용한 말로, 얼핏 보면 아무 소용이 없어 보이는 것이 오히려 중요한 역할을 할 때가 있다는 의미다.

'**세상을 살면서 직접적으로 필요치 않은 것, 결과를 내는 데 불필요하게 여겨지는 것도 알고 보면 큰 가치가 있다. 마구잡이로 다 잘라 버려서는 안 된다**'라는 가르침이다.

제 5 장

마지막 1%에 집착하는 습관

1

99%와 100%는 다르다

후발주자로 1위에 오를 수 있었던 원동력

99%와 100%는 '1%밖에 차이 나지 않는다'라고 생각하는 사람이 많다. 그런데 정말 그럴까? 나에게는 그 차이가 엄청나게 느껴진다. 솔직히 '1% 이상'이라고 생각한다. 여기서 말하는 100%에는 두 가지 의미가 있다.

하나는 **주위에서 볼 때 완벽한 상태를 목표로 삼는 것.**

또 하나는 **자기 나름의 100%를 목표로 삼는 것.**

먼저 전자에 관해 이야기해보자.

앞에서도 설명했지만, 우리 회사가 취급하는 제품은 대부분 후발 제품이다. 우리는 하늘을 나는 자동차처럼 특별한 신제품을 만든 것이 아니다. 충전기, 배터리, 케이블, 이어폰 등 모두가 기존의 제품 카테고리에 속하는 것이었다.

우리는 레드오션으로 배를 저어 나갔다. 이미 치열한 경쟁이 벌어지고 있었고, 시장의 경쟁은 점차 더 격렬해졌다. 레드오션 시장은 경쟁이 많아 신규 진입자의 점유율 확대가 어렵고, 가격 경쟁이 일어나기 쉬워 자본력이 없는 기업은 고전하기로 유명하다.

그래도 점유율 1위를 차지했다. 어떻게 1위에 오를 수 있었을까? 앞에서 '전체 최적', '가치 창출', '배우기', '인수분해'라는 네 가지 습관을 이야기했다. 제5장에서는 '마지막 1%에 집착하는' 다섯 번째 습관을 소개한다. **사실 이는 점유율 1위를 차지하기 위한 습관의 결정판이라 할 수 있다.**

앤커재팬의 급성장을 보고 '특별한 방법'이 있었을 거라고 넘겨짚는 사람도 있을 것이다. 하지만 남들이 모르는 고난도의 비책은 내가 느끼기에 단 한 번도 쓴 적이 없다. 당연한 일을 해왔을 뿐이다. 그래서 재현성이 있다고 자신 있게 말할 수 있다.

'미키타니 곡선'의 교훈

나는 사내 전체 회의에서 **'미키타니(三木谷) 곡선'**을 설명한 적이 있다. '미키타니 곡선'이란 무엇일까(도표 6)?

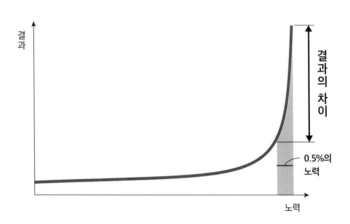

결과

결과의 차이

0.5%의 노력

노력

출처: 미키타니 히로시 저 『92개 성공의 법칙』을 바탕으로 작성

　IT 대기업 라쿠텐*의 미키타니 히로시 회장 겸 사장이 자신의
저서 『成功の法則92ヶ条(92개 성공의 법칙)』에서 '마지막 0.5%의 노
력 차이가 질을 좌우한다'라고 역설한 내용이다.

　99.5%까지는 누구나 노력하니까 **나머지 0.5%를 해내는지에 따
라** 성과에 큰 차이가 난다는 말이다. 소수점 단위의 몇 %만 높
이면 질적인 차별화가 가능하다. 끝까지 해내면 독보적인 결과
를 얻을 수 있다. 그래야 가격 경쟁의 수렁에 빠지지 않고, 고객

---

* 일본 최대 인터넷 쇼핑몰인 '라쿠텐 시장'을 비롯해 각종 인터넷 서비스, 신용카드, 은행, 증권, 핀테크, 여행, 스포츠,
전자 콘텐츠 유통, 이동통신 등 다양한 사업을 전개 중인 IT 대기업이다. 1997년에 현 회장이자 사장인 미키타니 히로
시가 설립했다.-옮긴이

의 선택을 받는 '차이'로 이어진다. 우리는 한계까지 밀어붙여 이겨낸 끝에 '충전기를 사고 싶다'가 아니라 '앤커 충전기를 사고 싶다'라는 이야기를 듣게 되었다.

마지막 1%에 대한 고집을 유지하라

고객이 제품을 선택하는 이유는 아주 사소한 데 있다. 예를 들어, 충전 속도가 약간 더 빠르고, 디자인이 조금 더 좋으면 고객의 눈길을 끌 수 있다. 그 외에 패키지가 조금 더 멋지고, 고객 지원에 대한 만족도가 타사보다 약간 더 높고, 웹사이트 이용이 조금 더 편리하고, 매장 접근성이 조금 더 좋아도 영향을 미칠 것이다. 그러니 **사소한 데 전력을 다하는 기업이 이기게 된다.**

대형 전자상거래 플랫폼이나 전자상거래 관련 SAAS(Software as a Service: 서비스형 소프트웨어) 기업도 많아진 만큼 지금은 누구나 쉽게 상품을 판매할 수 있다. 누구나 할 수 있는 일이기에 고객의 선택을 받으려면 작은 것들을 하나하나 쌓아가야 한다.

나는 앤커재팬에 입사한 후, 마지막 1%에 대한 고집을 꾸준히 유지해왔다. 회사가 성장하고 직원이 늘어나자 팀을 나누고 다시 그 1%를 채우기 위해 지속적으로 노력했다.

점차 내 일을 그들에게 넘겼고, 그들이 나보다 큰 가치를 창출하게 함으로써 회사의 질과 양을 키웠다. 이제 나 혼자 했을 때보다 모든 면에서 아웃풋의 질이 향상되었다.

하지만 100%에 가까워지면 질수록 작은 것을 쌓기가 어려워진다. 단, **우리에게 어려운 일은 남들에게도 어려운 법. 그 어려운 일을 해내야 압도적인 차별화를 이룰 수 있다.**

중요한 건 제품이다

우리가 고객에게 제공하는 두 가지 중심 가치를 4P로 설명하면, 제품을 제대로 만드는 것, 유통 채널을 열심히 늘리는 것이다.

먼저 '제품'에 관해 이야기해보자. 제조업체는 제품이 가장 중요하므로 고객이 요구하는 제품을 제공하기 위해 제조에 역량을 집중하고 있다.

제품 개발 담당자들은 늘 '제품에 어떤 가치를 부여할지'를 고민한다. 흔히 '좋은 물건을 저렴하게 제공'하는 것이 중요하다고 생각하지만, **무게중심은 어디까지나 '좋은 물건'에 두어야 한다.** '저렴하게' 제공하기 위한 기업의 노력이 필요한 건 맞지만, 더 잘 만들려면 연구개발과 인건비에 돈을 들여야 한다. 무조건 '가격 동결'만을 요구해서는 안 된다.

예를 들어, 장래에 '좋은 물건'을 만들려면 추가로 개발 비용을 들여야 한다. 또 인건비를 줄이면 혁신을 추진할 뛰어난 인재가 모이지 않으니 이 점도 신경 써야 한다. 개발 비용과 인건비를 아끼면 악순환에 빠지고 만다. 따라서 기업이 사업을 성장시키려면 연구개발비와 인건비를 마구 줄여서는 안 된다. 계속해서 투자가 이루어져야 기업이 성장한다.

비근한 예로 아이폰은 매년 가격이 오르는데도 계속 잘 팔린다. 그리고 애플은 더 좋은 제품을 개발하고자 힘쓴다.

제품의 세 가지 가치

제품의 가치는 하나가 아니다. 여기서는 **기능적 가치, 정서적 가치, 자기표현의 가치**로 나누어 생각해보기로 한다.

기능적 가치 ··· 상품이나 서비스의 사양

정서적 가치 ··· 기대할 수 있는 긍정적인 감정

자기표현의 가치 ··· 자기표현과 자기실현

어떤 사람이 샤넬의 보디 크림을 비싼 돈을 내고 샀다고 하자. 그의 행위는 해당 제품의 보습력이 높다는 기능적 가치뿐만 아니라, '오늘은 샤넬을 바른 덕에 기분이 좋아지네'라는 정서적

도표 7. 샤넬의 세 가지 가치

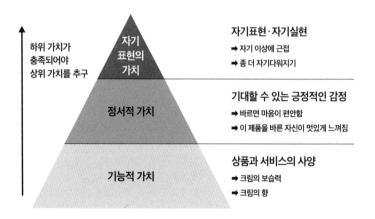

가치, 나아가 샤넬을 바름으로써 자신을 드러낼 수 있다는 자기

표현의 가치가 있기 때문이다(도표 7). 기능적 가치에 정서적 가치,

자기표현의 가치까지 추가해서 만든 제품에는 단숨에 강력한

구매력이 생긴다.

여러분은 옷을 살 때 어떤 기준을 적용하는가? 가격도 중요하

지만, 그에 못지않게 중요한 것은 그 옷을 입었을 때 '기분이 나

아지는가?' 하는 점이다. 평소보다 '멋있고' '예쁘고' '자신감이

생기는' 등의 정서적 가치와, '좀 더 자신을 잘 보여주는' 자기표

현의 가치는 제품 선정 시 중요한 기준이 된다. 단, **기능적 가치는

반드시 충족되어야 하는 조건, 즉 필요조건임을 잊어서는 안 된다.**

고객이 정서적 가치에 끌려 제품을 사는 경우는 분명히 있다. 하지만 기능적 가치가 낮으면 원래 목적하는 기능을 못하므로 또 사고 싶은 생각이 들지 않는다. 아무리 브랜드 파워가 큰 샤넬의 보디 크림이라 해도, 향이 그저 그렇고 발랐을 때 끈적거리는 제품이라면 다시 살 사람이 적을 것이다.

공식 사이트에 아마존 링크를 첨부하는 이유

다음으로 '유통 채널'을 살펴보자.

일반적으로 기업이 전자상거래를 할 때는 먼저 공식 사이트를 열어 고객을 유치하고, 그 후 직영점이나 아마존으로 판매 채널을 넓히는 사례가 많다. 우리 회사의 경우는 대형 전자상거래 플랫폼, 앤커재팬 공식 사이트, 가전 양판점, 직영점인 앤커스토어 등 매우 다양한 채널을 적극적으로 확충했다.

처음에는 아마존을 주축으로 한 전자상거래가 중심이었다. 우선 고객이 있는 곳을 찾아갔다. 당시 아마존이나 라쿠텐의 구매자들은 앤커 제품으로 알고 구매하는 것이 아니었다. 일단 사보고 나서야 앤커의 품질이 좋다고 느낀 사람도 많았을 것이다.

'좋은 제품'이라는 사실을 알고 사는 것도 중요하지만, 구매 후 좋은 제품이라는 느낌을 받게 하는 것도 중요하다. 우리는 일단 판매를 시작했고 서서히 판로를 확대했다.

그 과정에서 **늘 염두에 둔 두 가지는 '넓고, 깊게'**였다. 창업 초기부터 2017년까지는 아마존, 라쿠텐, 야후 쇼핑 등에서 서서히 '넓게'를, 2018년 이후는 자사 온라인 사이트, 직영점 앤커스토어 등에서 '깊게'에 집중했다(도표 8).

2020년부터는 대형 편의점 체인에서 급속 충전기와 케이블 등을 취급할 수 있었다. 단번에 판매 경로를 늘리지 않고 더 많은 고객에게 우리 제품을 알리려면 어느 장소가 좋을지를 계속 생각했다. 아마존에서 사고 싶은 사람도 있고 편의점에서 쉽게 손에 넣고 싶은 사람도 있었다.

내가 중요하게 생각한 점은 **'제품이든 유통 채널이든 고객이 선택하게 해야 한다'**라는 것이었다. 우리 사정에 따라 채널 전략을 세운 것이 아니라 **고객의 편리함을 우선시**한 것이다.

온라인으로 전기 관련 제품을 살 수 있는 사람은 비교적 제품에 대한 지식과 정보가 많다. 그런 사람은 남에게 물어보지 않고도 직접 검색하고 비교한 뒤, 수긍이 되는 제품을 찾고 사고 싶어 한다.

그 반면에 자신이 어떤 충전기나 이어폰을 원하는지 모르는 사람도 많다. 아니, 아직은 그런 사람이 대다수라고 본다. 이런

도표 8. 앤커재팬의 '넓고 깊게' 전략

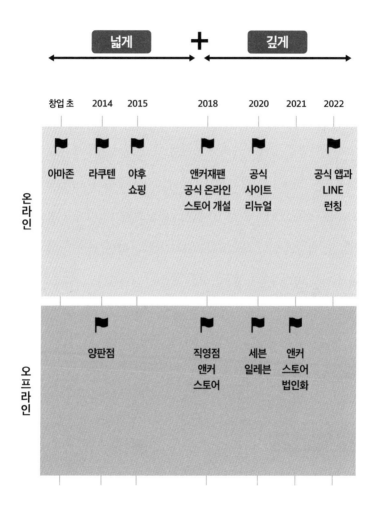

사람들은 직접 손에 쥐어볼 수 있고, 필요하면 매장 직원에게 물어볼 수도 있는 소매점이나 직영점을 좋아한다.

그리고 온라인 구매 경로도 고객에 따라 다르다. 앤커재팬의 공식 사이트에서는 구매 버튼 아래에 굳이 아마존의 링크를 첨부해둔다.

제조사 입장에서는 공식 사이트에서 팔아야 이익률이 높다. 고객이 아마존에서 구매하면 플랫폼 수수료가 발생해 이익률이 떨어지는 탓이다. 그래서 공식 사이트에서 구매하게 하고 싶은 마음은 굴뚝같지만, 고객 중에는 '새로 회원가입이나 신용카드 정보를 입력하기가 귀찮다'라거나 '같은 값이면 익숙한 아마존에서 사고 싶다'라는 사람도 있을 것임을 고려했다.

이런 상황에서 나는 고객이 구매하기 좋은 환경을 만드는 것이 제조사의 책무라고 생각한다. 그리고 가치 제공을 염두에 두고 판로를 확대해야 한다고 본다.

상품 제일주의

우리 회사가 한 일은 지극히 단순하다. 매력적인 제품을 우직하게 만들고 판매한 것뿐이다.

아마존의 인기 순위에는 잘 팔리는 물건이 상위에 올라온다.

사람들은 리뷰에 평가 글을 올리고 우리 제품의 가치는 그 내용을 통해 사회에 알려진다.

다시 말해, 리뷰에서 좋은 평가를 받지 못하면 상위권을 유지할 수 없다. 이런 점을 생각할 때 결국은 매력적인 제품을 만들어야 한다. 우리는 제품을 늘리고 유통 채널을 확대하겠다는 덧셈 전략을 꾸준히 실행해 끝내 매출 100억 엔을 이루었다.

그에 반해 프로모션, 즉 판촉은 어렵다. 앤커재팬은 매출 100억 엔을 달성하기 전까지 사실 대형 프로모션에 나선 적이 거의 없었다. 일시적인 광고 효과는 잠깐 상품을 팔리게 할 수는 있지만, 광고를 중단하자마자 팔리지 않는 제품이라면 만들 의미가 없다고 생각했기 때문이다.

마케팅이 곧 프로모션이라고 생각하기 쉬운데, 그 전에 제품이 그 자체로 매력적이지 않으면 팔리지 않는다. 그리고 사람들이 수긍할 수 있는 가격과 살 수 있는 장소(유통 채널)가 갖추어지지 않으면 프로모션을 해도 효과는 미미하다.

최근에는 프로모션 방식을 바꾸거나 관련 지식을 업데이트하는 데에만 많이 신경 쓰는데 그건 모두 부차적이다. **진정한 마케터라면 제품을 얼마나 업그레이드할지, 그 장점을 어떻게 전달할지를 마지막까지 머리를 쥐어짜고 고민하는 것이 본질적인 접근이다.**

브랜딩에서 정말 중요한 것

브랜딩과 관련해서도 기본 사고방식은 같다. 브랜딩이라고 하면 마케팅 부서가 담당한다고 생각하는 사람이 많지만, 사실 꼭 그렇지는 않다. 오히려 본질적인 부분은 마케팅 이외의 부서에서 담당할 때도 많다.

브랜딩의 정의는 다양하게 내릴 수 있는데, 나는 **'고객이 떠올리는 이미지와 기업이 전하려 하는 이미지의 격차를 줄이는 활동'**이라고 정의한다. 자기들끼리 '우리는 이런 브랜드야'라고 주장해본들 소용없다. 고객이 떠올리는 이미지야말로 해당 브랜드의 이미지가 된다.

기업이 내놓은 보도자료나 프로모션만 접하고도 그 브랜드의 열광적인 팬이 되었다는 사람은 별로 없다. 브랜드 이미지를 형성할 때 가장 크게 영향을 미치는 것은 **'고객 자신의 체험'**이다(도표 9).

구체적으로는 '최초 구매 시 좋은 체험을 했다', '그저 제품이 좋았다', '매장 직원이 친절했다', '고객 지원팀의 응대가 훌륭했다' 등을 꼽을 수 있다. 이런 직접적인 체험은 단 한 번일지라도 기억에 강력하게 각인된다.

다음으로 영향을 미치는 것은 **'남의 체험'**을 보고 듣는 것이다.

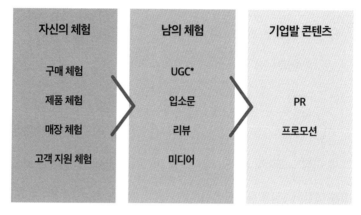

*UGC(User Generated Contents) : 사용자 제작 콘텐츠

구체적으로는 **UGC**(User Generated Contents: SNS 게시물 등의 사용자 제작 콘텐츠)나 친구들의 입소문, 온라인 리뷰, 미디어 기사 등이 있다. 이는 간접적인 체험이지만, 자신이 관심 있는 제품이나 서비스를 이미 경험한 사람들의 의견이므로 그 정보의 신뢰도에 따라 크고 작은 영향을 미치게 된다. 자신이 좋아하는 인플루언서가 추천한 브랜드를 자신도 좋아하게 된 경험이 있다는 사람이 많은 것만 봐도 알 수 있다.

마지막은 **'기업발' 콘텐츠**다. 이는 구체적으로 마케팅 부서가 담당하는 PR이나 프로모션 활동을 가리킨다. 앞의 두 가지와는 달리 기업이 자발적으로 브랜드의 장점을 알리는 활동이다. 모든 기업이 자사 브랜드를 멋지게 포장하려 할 텐데, 이는 이미지 형성에 매우 중요한 활동이다.

그러나 브랜드의 이미지를 결정하는 것은 기업이 아니라 **고객**이다. 기업이 직접 '이렇게 매력적입니다!'라고 알리는 것도 중요하지만, 그것만으로는 여러 고객의 선택을 받을 수 없다. **고객에게서 '이렇게 매력적이군요!'라는 말을 들어야 경쟁사와의 현저한 차별화를 이루어 1위를 차지할 수 있다.**

깊은 수렁 '캐즘'을 극복하는 법

'캐즘* 이론'이라는 것이 있다(도표 10). 이는 혁신확산이론(Diffusion of Innovations Theory)에서 초기 시장이 주류 시장으로 넘어가는 과도기에, 일시적으로 수요가 정체되거나 후퇴하는 단절 현상이 나타나며, 시장을 개척하려면 이 수렁을 뛰어넘어야 한다는 주장이다.

캐즘은 초기 시장과 주류 시장의 고객 가치관이 달라서 발생

---

* Chasm: 지층 사이에 큰 틈이 생겨 단절됨을 뜻하는 지질학 용어. 미국 실리콘밸리의 컨설턴트인 제프리 무어가 1991년 미국 벤처 업계의 성장 과정을 설명하면서 이 단어를 처음 사용했다. 초기 시장의 소비자군에는 이노베이터라 불리는 혁신 수용자와 얼리어답터라 불리는 선도 수용자가 있고, 주류 시장의 소비자군으로는 전기 다수 수용자, 후기 다수 수용자, 지각 수용자가 있다.-옮긴이

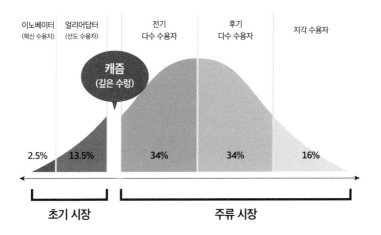

도표 10. 혁신확산이론의 '캐즘'

| 이노베이터 (혁신 수용자) | 얼리어답터 (선도 수용자) | 전기 다수 수용자 | 후기 다수 수용자 | 지각 수용자 |

캐즘 (깊은 수렁)

2.5% 13.5% 34% 34% 16%

초기 시장   주류 시장

한다. 초기 시장 고객에게 '새로움'은 매력으로 작용하지만, 주류 시장에서는 새로움만으로는 고객을 확보할 수 없다. 신뢰할 수 있고 사용이 편한 제품인지, 나 말고도 쓰는 사람이 있는지 등 '안심할 수 있는지'를 따지기 때문이다.

캐즘을 극복하려면 믿음을 주고 품질을 강력히 각인시킬 수 있는 콘텐츠가 있어야 한다. 이노베이터나 얼리어답터 중에는 기업이 좋은 제품을 제대로 선보이면 먼저 알아보고 사는 사람도 있다. 하지만 다수 수용자, 즉 미래의 잠재 수용자는 그렇지 않으며, 그들을 실제 수용자로 바꾸려면 기업이 노력해서 인지도를 높여야 한다.

인지도의 친근한 예로는 아마존이나 일본의 교통카드 스이카 (Suica)를 들 수 있다. 이들이 일본에 등장한 지는 20여 년이 지났다. 이들의 명칭은 원래는 특정 브랜드명이 아니라, 열대우림과 수박을 뜻하는 명사다. 그런데 그토록 흔한 단어가 사람들의 이미지를 바꾸어버렸으니 대단하지 않은가?

2

한계 수준까지 쥐어짜라

'한계 수준까지 쥐어짠 사람'에게만 보이는 것들

이번에는 **자신만의 100% 실현**에 관해 이야기해보자. 개인이 아웃풋에 명확한 차이를 내려면 한계 수준까지 노력해야 한다. 그렇게 해서 직원 개인의 성장 속도가 바뀌면 기업은 성장한다.

제품이나 서비스를 제공할 때 99.5%에 도달했지만, 더 노력해서 100%를 이루려 한다면, 직원 개개인이 보유한 능력을 남김없이 발휘하게 해야 한다. 능력은 사람마다 다 다르겠지만, 그 사람의 100%를 내놓게 해야 한다는 것이다. 능력이 100인 사람이 80의 일을 하는 것보다는 능력이 70인 사람이 70의 일을 할 때

더 높이 평가해야 한다.

전자상거래 시장은 매우 단순하다. 가격을 올리면 판매량이 줄고, 제품이 나쁘면 리뷰 평가가 나빠져 판매가 부진해진다. 그래서 지는 원인을 알면 바로 손을 쓸 수 있다. 제품을 개선하고, 소통이 원활하게 이루어지게 하며, 적정 가격에 제공하는 일을 고차원적으로 수행하는 사람과 조직이 바로 앤커재팬이다.

'한계 수준까지 쥐어짜라'라는 말은 자기 능력을 모조리 끌어내라는 의미다. 목표 달성에 전념하려는 의식을 가지라는 의미이기도 하다.

인기 만화 『드래곤볼』에 등장하는 사이야 인들은 죽음의 문턱에서 살아날 때마다 전투력이 상승한다. 비즈니스로 따지면 한계 수준까지 쥐어짜는 것과 비슷하다. 끝까지 쥐어짜다 보면 마침내 성장한다. 안정된 환경에서 할 수 있는 일만 하면 성장은 멈춘다.

'분한 느낌'이 드는가?

나는 대입에 실패한 뒤, 실패 후에 진심으로 분하게 여기는 마음이 중요하다고 생각하게 되었다. 뼈가 저리도록 분한 마음이 들지 않는다면 그것은 한계까지 밀어붙이지 않았다는 증거다.

올림픽 선수가 온 힘을 다해 연습했는데 은메달에 그치면 분한 마음이 들 것이다. 그러나 그 마음을 기억한다면 4년 뒤 금메달을 목에 걸 수도 있다. 분하게 여기지 않으면 다음에도 금메달에 도전하기는 힘들다.

패배를 자인한 장기 기사가 낙담한 표정을 짓는 이유는 무엇인가? 전력을 다해 역전할 수를 찾았으나 실패했고, **모든 가능성을 생각해 머리를 쥐어짰는데도 도리가 없었기 때문이다. 그런 낙담은 열정이 있기에 나타나는 감정이다.** 그래서 나는 나만큼 열정이 있는 사람을 동료로 모으는 일을 중요하게 생각한다.

한때 회사가 목표를 달성하지 못했을 때, '이 결과는 전적으로 내 책임'이라고 말한 뒤, '그런데 여러분, 분하지 않습니까?'라고 물어본 적이 있다.

"TV에서 한 편의점 상품개발 담당자가 전문 요리사에게 제품을 시식하게 하는 프로그램이 있었는데, 혹평이 따랐습니다. 그 담당자는 분한 마음에 눈물을 흘렸습니다. 노력이 부족했다고 말입니다. 여러분은 목표 달성에 실패한 사실이 분하십니까? 다들 대단한 능력자라는 건 잘 아는데, 눈물을 흘릴 정도로 분한가 말입니다."

목표를 달성하지 못하고 프로젝트가 실패했을 때, 함께 진심으로 분하게 여길 동료가 얼마나 있는가? 일본 야구의 버팀목이라는 고교 야구 경기를 보라. 지고 나면 선수 대부분은 분루를 흘린다. 그런 구성원을 모아야 1위를 꿈꿀 수 있다.

기업이 정체기를 겪는 진짜 이유

상사에게 완성도 90%인 결과를 제출하는 사람이 있다. 나머지 10%는 상사의 피드백을 받아서 100%를 채울 심산인 것 같다. 그런데 그런 사람은 자신이 가진 원래 힘을 발휘하지 않는 것이다. 무의식중에 대충 일하는 습관이 들었는지도 모른다. 나는 그럴 때, "이 아웃풋은 당신의 능력을 100% 발휘하지 않은 것이니 다시 해주면 좋겠다"라고 솔직하게 말한다.

다시 하라는 지시를 받으면 누구라도 반발심이 생기는 법이다. 하지만 그렇게 해야 직원이 성장한다.

모두에게 사랑받기는 어렵다. 자리가 높아지면 비정한 결단도 필요하기에 남이 나를 좋아해주는 것보다 회사와 직원의 성장을 더 중시해야 한다. **직원이 늘어나면 미움받을 용기도 필요하다. 서로 편해지는 순간 성장은 멈춘다.**

원래는 실력 있는 기업이었는데, 어느새 실적이 정체되는 사례가 있다. 이는 실력의 70%만 발휘해도 인정해주는 풍조가 원인이라고 생각한다. 직원이 70%밖에 능력을 발휘하지 않았음을 알면서도 상사가 그것을 허용하고, 자신도 마찬가지로 70%만 일해서 보고한다고 생각해보자. 70%가 겹치고 겹쳐 그 회사의 아웃풋이 되면 70%×70%×70%…라는 결과에 이른다. 결국 그 회사는 점점 퇴보할 수밖에 없다.

인간은 편안함을 추구하는 생물이다. 회사 조직에서 윗사람이 머리를 쓰는 데 지쳐 편안함을 추구하면 어떻게 될까? 상사의 그런 태도는 조직 전체에 문화가 되어 순식간에 번지고 만다. **관리직, 경영진이야말로 한계 수준까지 쥐어짜고 마지막 1%에 매달려야 한다.**

한계 수준까지 쥐어짠 경험과 '끝까지 해내는 힘'

시험도 마찬가지다. 한계 수준까지 노력했을 때 받은 90점과 적당히 공부해서 받은 90점은 의미가 다르다. 명문대를 졸업하고 누구나 아는 일류 기업에서 일하는 사람 중에도, 일을 할 때 마지막 1%를 쌓아 올리지 못해 포기하는 사람이 많다. 이 경우에는 우수함과는 별개로 끝까지 해내는 힘이 필요하다.

제3장에서 소개한 바와 같이 미국 펜실베이니아 대학교의 심리학 교수 앤절라 더크워스는 **목표를 향해 끊임없이 노력하는 자질을 '해내는 힘(그릿)'이라고 명명했다.** 더크워스 교수는 성공의 요인이

무엇인지 연구했다.

더크워스 교수는 원래 경영 컨설턴트였는데 교사로 이직한 적이 있었다. 그때 여러 학생을 지도하면서 다음과 같은 사실을 알게 되었다.

- 성적이 우수하다고 반드시 IQ가 높은 것은 아니다.
- 성적이 우수하지 않다고 반드시 IQ가 낮은 것은 아니다.

이를 통해 **공부를 잘하는 것과 IQ 수치는 상관이 없다**는 가설을 세우고 검증에 나섰다. 그 결과, 성과를 내는 사람(성공하는 사람)에게 공통되는 능력을 찾았다. 그것이 바로 '해내는 힘(그릿)'이었다.

그릿이 센 사람은 이후 성적이 늘거나 적극적인 행동을 취하거나 해서 성공의 원동력으로 삼는다는 사실도 보여주었다. 후발주자라도 해내는 힘이 있는 사람은 시간이 걸리더라도 1위 자리에 오를 수 있다. 이는 『그릿 - IQ, 재능, 환경을 뛰어넘는 열정적 끈기의 힘』이라는 더크워스 교수의 저서에 잘 나와 있다.

끝까지 해내려면 명확한 목적의식이 필요하다. 조직에서 일하는 사람은 조직의 미션과 가치에 공감해야 자신의 해내는 힘에 탄력을 받는다. 99.5%까지 완성한 일은 나머지 0.5%를 해내야

'미션 × 가치'가 커진다.

미션은 회사나 조직이 앞으로 완수해야 할 사명이나 존재 의의를 말한다. 가치는 미션을 실현하기 위한 구성원의 행동과 자세, 바람직한 마음가짐이다.

개인 차원에서는 '미래에 어떻게 되고 싶은지, 그렇게 되기 위해 어떻게 행동해야 하는지'라고 바꾸어 말할 수 있다. 자신의 꿈을 어떻게 이룰지에 관한 고민이 열정의 원천이 된다.

3

조직은
윗물에 맞추는 법

성장 욕구는 전염된다

오해가 없도록 미리 말해두는데, 윗물에 맞춘다는 말은 상사에게 맞춘다는 뜻이 아니다. 높은 성과를 내는 하이 퍼포머, 성장 욕구가 큰 사람에게 맞춘다는 뜻이다.

사람의 행동은 가치관에서 비롯된다. 그래서 주변에 '성장하겠다'라는 욕구가 강한 사람, 실제로 성장을 거듭하는 사람이 많으면 자신도 노력을 당연시하기 쉽다.

그렇게 일을 대하는 자세는 전염된다. 99.5%까지 완성한 일의 나머지 0.5%를 해내려는 사람들에 둘러싸여 있으면 자신도 자연스럽게 그렇게 된다.

같은 이치로 '80%만 해도 어디냐?'라고 안이하게 생각하는 사람에 둘러싸여 있으면 자신도 그렇게 변한다. 성장에 흥미가 없는 사람들 사이에 있으면 성장하려는 욕구가 바보스럽게 느껴지기까지 한다. 그래서 '성장하고 싶은' 욕구가 있는 사람은 성장이 당연시되는 환경에서 일해야 좋다.

내가 아는 경영자의 상당수는 성장 욕구가 강하다. 의식의 초점이 성장에 맞추어진 사람들과 이야기를 나누다 보면 나도 금세 자극을 받는다.

성장 욕구가 강한 사람과 있어야 자신도 성장할 수 있다. '나도 저렇게 되고 싶다'라는 자극을 주는 사람을 발견하면, 적극적으로 교류하면서 사고방식과 언행을 접하는 것이 좋다. 자신도 모르는 사이에 사고와 행동이 그 사람을 닮아갈 것이다. 직접 만나기 어려우면 SNS 게시물이나 인터뷰 기사 등만 읽어도 그의 사고방식을 배울 수 있다.

리더는 환경을 만드는 사람이다

사람은 우수한 사람들과 섞여 지내다 보면 자연히 성장하게 되어 있다. 나도 컨설팅과 펀드 일을 하면서 나보다 뛰어난 사람들에 둘러싸여 일하는 동안에 더 공부해서 성장하고 싶다, 그들을 따라잡고 싶다는 생각이 샘솟았다. 지금은 당시의 경험을 살려 우리 회사에 그런 환경을 조성하려 노력 중이다.

여러분이 성장을 원한다면 한계 수준까지 머리를 쥐어짜는 사람들과 어울리는 것이 좋다. 자연스레 사고와 행동이 변하기 때문이다. 쉬운 예가 명문대 진학률이 높은 학교에 다녀야 명문대에 합격하기 쉽다는 사실이다.

입시 결과가 좋은 학교에서는 많은 학생이 명문대에 진학하는 것을 목표로 하기 때문에, 열심히 공부하는 것이 자연스러운 문화로 자리 잡는다. 그렇다 보니 입시 결과가 나쁜 학교에서 혼자 죽어라 공부해서 명문대를 노리는 편이 더 힘들다. 굳이 후자를 선택하는 사람도 있지만, 그런 환경에서 목표 의식을 유지하려면 강한 의지가 필요한 것이 사실이다.

즉, **본인의 의지를 유지하기 위해서도 환경은 무척 중요하다**는 말이다. 여기서 **리더의 책무는 환경을 만드는 것**임을 알 수 있다.

마지막 1%에 집착하고 전력을 다하는 습관을 조직 전체에 정착시키는 일은, 마지막 1%에 전념하는 한 사람을 키워내는 것보다 쉽다. 그런 환경이 만들어져야 서로 자극과 좋은 영향을 주고받으면서 긍정적인 방향으로 성장하는 조직이 만들어진다.

모두가 지향하는 방향이 제각각이거나, 경영자와 간부가 서로 다른 말을 하는 회사는 성장할 수 없으며 일하는 보람도 느끼기 어렵다. 능력 좋은 이들이 모여도 하나가 되지 못하면 경쟁사를 이길 수 없다. 아무리 스타 선수가 많은 축구팀도 선수들의 의식에 문제가 있으면, 한 팀으로 경기에 이길 수 없는 이치와 같다.

승패를 가르는 관건은 인재

나는 '지속 가능한 브랜드란 무엇인지'를 자주 생각한다. 내 생각에 그 답은 **뛰어난 제품과 함께 고객의 눈높이에 맞출 줄 아는 조직과 인재**다.

그리고 경영자는 **미션과 가치를 조직과 인재에 침투시켜야** 한다. 직원들이 미션과 가치에 따라 행동하면 심리적 안정감과 조직의 열의가 유지되어 성과의 질과 양이 향상된다. 그렇게 되면 1위를 차지하기 쉬워진다.

나는 직원들과 일대일 면담 시에 그들이 '전체적으로 우수한 직원이 많다'라고 말해주는 덕에 보람을 느낀다. 우리 회사에서는 사전 공통질문으로 '주변에 우수하다고 느껴지는 사람이 있는지'를 묻는데, 그들이 먼저 그런 이야기를 해주는 것이다. 사업 확장은 우수 인재를 획득하는 데에서 비롯된다고 생각하기 때문에 앞으로도 인재를 중시할 작정이다.

끝없이 발전할 수 있는 시스템

나는 직원 면담 때마다 '윗물에 맞추자', '잘하는 사람의 기준에 맞추자'라고 말한다.

일본 사회는 '평균'을 중시한다. 그래서 평균값에 얼마나 가까운지, 또는 평균값을 얼마나 웃도는지를 보고 판단한다. 그리고 직무 수준이 평균인 직원을 기준으로 매년 실적을 평가한다.

평균 범위에 들기만 하면 안심하는 사람이 많다 보니, 개성을 제대로 평가하지 못하거나, 특출난 성과를 올리는 하이 퍼포머가 활약하기 어려운 사회가 되었다는 지적도 있다. 나는 이런 평균 중시 풍조가 일본을 침체의 수렁으로 밀어 넣었다고 본다.

반면, 앤커재팬은 하이 퍼포머를 늘리고 그들의 기준에 맞추어 일을 진행한다. 일반적인 조직은 우수한 구성원이 20%, 보통이 60%, 기여도가 낮은 구성원이 20%를 차지하는데, 우리는 상위 20%의 기준에 맞추어 전체 수준을 끌어올리려 한다. 그 20%가 성장할 때, 선순환이 일어나 모두의 수준이 높아지기 때문이다.

열심히 갈고 닦았을 때 전체 수준이 높아진다는 사실을 알고 나면, 더 열심히 하고 싶어지는 것이 인지상정이다. 우수한 사람이 활약하고 성장할 수 있는 사회, 회사가 무작정 '평균'만 추구하는 사회, 회사보다 더 건전하며 성장할 가능성도 더 높다.

우리는 우수한 사람을 끌어내려서 평균에 맞추는 것이 아니라 전체를 끌어올려 평균점을 올린다. 우수한 사람에게 평가 기준을 맞추어야 개인이 성장하고 기업이 커나갈 수 있다.

3대 낭비 – '질투', '변명', '오만'

반대로 **3대 낭비**라고 생각하는 요소가 있다.

▶ ① 질투

사람은 자신에게 없는 것을 찾아내고 괴로워하는 데 천재적이다. 그러나 남이 아닌 자신이 가진 것에 관심을 두어야 행복하다.

▶ ② 변명

사람은 할 수 없는 이유를 찾아내는 데 천재적이다. 그러나 할 수 있는 이유를 찾아야 행복하다.

▶ ③ 잘난 척

사람은 자기 긍정을 넘어 우월감에 취하는 데 천재적이다. 그러나 자기 자신을 객관화해야 더 행복하다.

우리는 누군가를 목표로 삼기도 하고 존경하기도 한다. 목표를 설정하고 어떻게 해야 할지도 고민한다. 자기가 열심히 한 일에 대해서는 칭찬할 줄도 안다. 이것들은 긍정적인 감정으로 환영할 만한 것들이다.

반대로 다른 사람을 질투하기도 한다. 할 수 없는 이유를 대며 변명도 한다. 자신의 노력에 대해 자신의 우월성을 뽐내며 잘난 척도 한다. 이는 부정적인 감정으로 아무런 생산성이 없다.

남을 끌어내린다고 해서 자신이 대단해지지 않으며, 특출난 인물을 제거한들 조직에 도움이 되지 않는다. SNS에는 부정적인 행동을 하는 사람이 많다. 당연한 말이지만, 남을 비난할 시간이 있으면 자신의 성장에 쏟아붓는 것이 생산적이다.

사람마다 성장 속도가 다르겠지만, 전체를 평균에 맞추려 들지 말고 **아래를 끌어올려 평균 자체를 높여야 하며, 특출한 인물은 더 특출나게 키워야 한다.** 개인, 기업, 국가가 모두 그렇게 하지 않으면 더 이상 살아남을 수 없다. 전체를 끌어올려야 개인과 기업이 성장하고 고객에게 전달할 가치를 극대화할 수 있다.

작은 성공 체험을 쌓아라

한 달 내내 근력운동과 다이어트를 병행했는데 일주일 만에 요요가 오는 경우가 있다. 노력이 결과로 드러나지 않아 참으로 속상한 일이다.

제1장 '전체 최적의 습관'에서도 언급했지만, 무언가를 지속하려면 작은 성공을 체험하고 쌓아야 한다. 스트레스를 가해야 강하게 성장하는 것도 맞지만, 지쳐 나가떨어져 지속할 수 없다면 아무런 의미가 없다. 또 제4장 '인수분해의 습관'을 이용해 작은 대책 세우기를 반복해 연습하면 적은 스트레스로 성공을 거둘 수 있다.

매출과 이익의 극대화는 나의 미션 중 하나다. 나는 입사 후 1년 만에 9억 엔이던 매출을 20억 엔으로 늘리겠다는 목표가 있었다. 그때도 매출을 인수분해했다. 그런 다음 온라인 매출을 늘리고, 새롭게 오프라인 매출을 추가했다.

월 매출 100만 엔인 점포를 150만 엔으로 만들기는 힘들지만, 현재 10개인 매장을 20개로 늘리기는 비교적 쉽다. 매출 100억 엔이라는 목표를 세웠을 때도 아마존 인기 순위를 한 단계 끌어올리려면 어떻게 해야 할지 나누어서 생각하니 마음이 편해졌다. 작은 목표와 작은 성공을 쌓은 경험이었다.

4

'전체 최적' 그리고
'기대치와 만족도'

의욕이 낮은 조직에
전체 최적의 습관을 정착시키려면?

제1장에서 설명한 '전체 최적의 습관'은 '마지막 1%에 집착하는 습관'과 깊이 관련되어 있다.

나는 직원 면담이나 회의 때마다 전체 최적에 대해 의식적으로 언급한다. 앤커재팬에 입사한 뒤, 우리 팀 직원 수가 적었을 때부터 '전체 최적'을 강조했다. 업무보고를 받을 때는 '이 방법이 전체 최적이 맞는지'를 군이 확인한다. 이제는 직원들이 스스로 알아채고 대응 방법을 바꾸는 모습을 보면, 전체 최적이 우리 회사에 조금씩 뿌리내리고 있음을 실감할 수 있다.

매주 화요일 오후에는 전체 회의를 연다. 전체 사업부의 팀장 이상이 참석해 최근 실적 등에 대해 논의하는 자리다. 전체 최적을 이루기 위해 다른 부서의 정보를 공유하려는 목적도 있다. 화요일 전체 회의를 열기 전 월요일에는 전주 데이터를 확인해 상황을 정리해둔다.

전자상거래 시장은 점유율이 매주 변한다. 검색 사이트상의 순위도 나날이 바뀐다. 방심하다가는 눈 깜짝할 새 순위가 떨어진다. 실제 보조배터리나 충전기 카테고리에서 앤커는 지속해서 1위 자리를 지키고 있지만, 2~5위는 매년 새로운 업체가 이름을 갈아치우는 것이 현실이다.

그래서 우리는 현재 1위라 해도 위기감을 가지고 경쟁 상황을 읽어내면서 계속 1위를 지키려면 어떻게 해야 할지를 함께 이야기한다. 신제품 준비 상황과 출시 후의 반응도 이 자리에서 공유한다.

특히 신제품 출시 때는 여러 부서가 참석한다. 예전에는 온라인에 판매 페이지를 개설하기만 하면 되었지만, 이제는 사전에 소매점과의 상담, 보도자료 준비, 매장용 집기 마련 등 여러 팀간 연계 작업이 많기 때문이다.

일단 신상품 공개 일자가 정해지면, 날짜를 공유하고 시간을 역산해 준비에 돌입한다. 이때 전체 회의에서는 회사 방침, 매출과 이익 등 향후 프로젝트에 관한 모든 내용을 직원들이 공유한다. 그런 만큼 이 회의는 전체 최적을 상징하는 매우 중요한 자리다.

이 밖에도 분기별로 실적과 성과를 전 사원이 공유하는 회의도 연다. 이때는 매출과 이익에 관한 내용을 모든 부서가 공유하며 향후 회사 방침에 대해서도 전달한다. '배터리 시장 1위를 지키자', '새 카테고리에서도 1위에 오르자' 등 **앞으로 회사가 나아갈 방향과 방침을 전체 직원과 공유한다.** 또 프로젝트, 새 매장 등의 비즈니스 상황, 나중에 설명할 직원 설문 결과, 회사 시스템의 개선점 등도 이야기 나눈다.

이런 회의들은 직원들이 전체 최적을 실현해가는 데 있어 중요한 정보공유의 장이 된다.

전체 최적을 평가와 연관 짓는 방법

직원이 수십 명 정도에 불과하다면 회사의 성장을 위해 전원이 똘똘 뭉칠 수 있지만, 100명을 넘어가면 그러기가 쉽지 않다. 직원 수가 늘수록 자기 이익을 우선시하는 사람도 많아질 테니까 말이다. 그래서 자발적인 의사가 아닌 교육과 인사제도가 중요하다.

우리 회사에서는 회사가 내세운 가치에 맞게 행동하는지, 전체 최적을 염두에 둔 행동을 하는지 등에 따라 직원을 평가한다. 당장에 막대한 매출을 올리고 있더라도 다른 팀에 비협조적이거나 타인에 대한 존중이 없는 사람은 낮게 평가하는 식이다.

한 회사 안에서도 장소와 사람에 따라 규칙은 달라야 한다

내가 입사했을 당시에는 상여금 체계가 전 세계 앤커 차원에서 통일되어 있었으므로 일본도 예외가 아니었다. 구체적으로는 개인이 담당한 영역별로 매출과 이익 달성률을 세분화하고 그에 따라 상여금을 책정했다.

그러나 나는 그 방식이 소인수 조직에는 합리적이지 않다고 주장하고, 기업 실적과 개인 업무에 직접적인 관련이 없는 부서 (비영업 부서 등)를 제외하고는 앤커재팬 전체의 매출과 이익 달성도에 따라 상여금을 지급하는 구조로 바꾸었다.

일본은 노동자 보호 차원에서 제도적으로 직원을 쉽게 해고할 수 없게 되어 있다. 회사에 도움이 되지 않는 직원이라 해도 함부로 해고할 수 없는 상황 속에서 그들을 모두 거느리고 회사 실적을 극대화하려면, 무엇보다 전체 최적의 의식이 필요했다. 또 그러려면 평가 방법과 그에 연동되는 상여금이 일률적으로 적용되어야 한다고 생각했다.

물론 그리하면 실적이 좋은 직원은 '성과에 비해 상여금이 적다'라고 느낄 수도 있다. 하지만 그것은 단기적인 시각이다. 실제로는 특정 팀이 늘 성과를 올리는 경우가 적기 때문이다. 중장기적으로 보면 충전기 팀이 실적을 내기도 하고 이어폰 팀이 더 높은 성과를 올리기도 한다.

외국계 일본 지사는 본사의 입김이 강한 회사가 많다. 그러나 앤커 그룹은 그 점에서 여타 기업과 크게 다르다. 물론 기업이기에 목표치는 협의하지만, 그 달성 방법에 대해서는 기본적으로 현지 시장의 책임자와 직원들이 전담한다. 그룹 전체에 현지 언어와 문화를 이해하는 인물이 사업을 주도해야 한다는 생각이 뿌리내린 것이다.

이렇게 각 지사가 해당 지역의 문화와 상관습을 이해하고 있으면, 고객과 거래처와의 소통이 원활해진다. 그리고 **회사 안팎에서 의사소통 시간이 단축되면 새로운 일에 더 많은 시간을 쓸 수 있다.**

앤커 본사는 '합리적으로 생각하자'라는 가치가 정착되어야 각 지사의 직원들이 시장 눈높이에 맞추어 올바른 판단을 할 수 있고, 그것이 회사 전체에도 도움 된다고 보는 것이다.

'전체 최적'을 의식하는 사람이 승진하는 시스템

앤커 그룹에서는 승진 대상자에 대한 '동료 평가(Peer Review)'를 실시한다. 상사나 같은 팀 구성원이 아닌 타 부서의 구성원이 평가하는 방식이다. 이것도 전체 최적을 정착시키기 위한 시스템이다.

직원 한 사람을 승진시킬 때 직속 상사의 평가도 중요하게 보지만, 타 부서 관계자도 그 사람을 평가할 수 있게 되어 있는 것이다. 가령, 전자상거래 팀 직원이 승진 대상자라면 가까운 곳에서 일하는 제품 마케팅 담당자나 브랜딩 담당자에게도 평가를 의뢰하는 식이다.

이 시스템 덕분에 우리 회사에서는 전체 최적에 맞는 사고와 행동을 할 수 있는 사람이 승진하게 되고, 자기 팀뿐 아니라 관계된 각 부서와도 잘 협력해서 일을 진행하는 문화가 뿌리내리게 되었다.

'기대치'와 '만족도'를 조율하는 법

인사평가에서는 '기대치'와 '만족도'가 중요하다. 이 둘은 상관관계에 있다.

연인이나 부부가 다투는 이유는 대부분은 기대치와 만족도가 불일치하기 때문이다. 예를 들어, 집안일을 해줄 것으로 기대했는데 안 해주니 불만이 쌓이는 식이다.

그런데 사람들은 매번 지각하는 사람이 제시간에 오면 대단하다고 여기는데, 매번 제시간에 오는 사람이 한 번이라도 지각하면 불만스럽게 생각한다.

이는 기대치와 만족도 사이에 간극이 있기 때문이다. '어차피 제시간에 오지 않겠지'라며 조금도 기대하지 않았던 사람이 제시간에 오면 만족도가 올라가고, '저 사람은 시간을 정확하게 지킬 거야'라고 기대한 사람이 제때 오지 않으면 만족도가 떨어지는 이치다.

일할 때도 마찬가지다. 기대치와 만족도가 일치하지 않으면 갈등이 생긴다. 기대치가 2인데 만족도가 3이면 좋아하고, 기대치가 4인데 만족도가 3이면 싫어한다. 이렇게 **아웃풋이 같아도 기대치에 따라 만족도가 달라지므로, 그 차이를 사전에 조정할 수 있어야 의사소통이 원활해진다.** 그런 의미에서는 본인의 능력상 최선을 다했을 때 실현할 수 있는 수준으로 기대치를 설정하는 것이 좋다.

반대로 기대치가 능력보다 너무 높으면 좋지 않다. 한때 나는 신규 프로젝트에 대응하랴, 기타 여러 문제를 처리하랴, 기본 업무조차 제때 할 수 없을 정도로 바쁘게 살았던 적이 있었다. 당시만 해도 나는 이메일은 물론 SNS까지도 모두 1영업일 이내에

답장을 보냈다. 속도감이 중요하다고 늘 강조한 만큼, 내 판단을 기다리느라 다른 직원이 일을 멈추는 것을 원치 않았다. 아마 직원들도 나에 대해 그렇게 기대했을 것이다.

그렇게 과부하에 시달리던 어느 날, '죄송하지만 이번 주는 우선순위가 높은 다른 업무가 있어서 회신이 늦어질 것'이라고 선언했다. 상사로서는 나의 역부족을 직원들에게 전달하기가 심적으로 쉽지 않았다. 직원들이 내 업무 처리 능력이 떨어진다고 생각했을 수도 있다. 하지만 그런 조치마저 없이 회신이 늦어지면 오히려 나에 대한 신뢰가 떨어질 수도 있었다.

만족도를 높이되 기대치를 낮추어야 할 때도 있다는 것을 알아두면, 관계자와의 소통을 더욱 원활히 할 수 있다는 말이다.

'직원 설문조사'에 나타난 기대치와 만족도

우리 회사는 직원이 수십 명이던 시절부터 지금까지 6개월에 한 번 정도 직원 설문조사를 실시하고 있다. 그리고 이 조사에서 얻은 동료와 조직에 대한 의견은 인사 시책에 활용한다. 설문조사를 해보면 다양한 항목에 대한 직원들의 기대치와 만족도가 수치로 드러난다.

우리 회사의 강점은 기대치와 만족도가 모두 높다는 것이다.

매번 높은 점수를 받는 항목이 '상사가 매력적이다', '상사의 의사결정이 빠르다', '우리 회사에는 매력적인 인재가 모여 있다', '우리 사업은 성장성이 크다' 등이다. 앞으로도 이 항목들의 점수가 계속 높았으면 좋겠다. 능력도 있으면서 인간적으로도 훌륭한 인재들과 함께 일할 수 있다는 것은 참으로 기쁜 일이다. 그런 인재들과 같은 목표를 향해 걸으면 의욕도 생기고, 일할 맛이 나서 성과가 더 많이 오른다.

물론 완벽을 목표로 하되 무리해서는 안 된다. 그래서 기대치와 만족도가 모두 낮은 항목에는 애써 노력을 쏟지 않으려 한다. 시간과 돈, 사내 자원은 늘 유한하기 때문이다.

'기대치는 높은데 만족도가 낮은 항목'의 개선법

주의 깊게 대처해야 하는 항목은 기대치는 높되 만족도가 낮은 항목이다. 불만이 있다는 뜻이기 때문이다. 이런 항목에 우선도를 높게 잡고 유연하게 대응하면 조직을 효율적으로 강화할 수 있다.

과거의 조사 결과를 보면, '다양한 근로 방식'이라는 항목이 기대치는 높으면서 만족도가 낮았다. 당시에는 전원 아침 9시 출근에 근무 시간도 탄력적이지 않아서, 아이를 키우는 직원들이 힘들었던 것이 원인 중 하나였다. 그래서 탄력근무제뿐 아니라 코로나 전부터 재택근무도 부분적으로 도입했다. 현재는 일부 부서를 제외하고는 100% 탄력근무제가 적용되고 있어 일하는 틈틈이 어린이집에 가서 아이 하원에 시간을 쓰는 직원도 있다.

직원 설문조사는 결과를 공개해야 직원들과 회사 간 신뢰로 이어질 수 있고, 개선 대책도 마련할 수 있다. 개선과 관련해서는 모든 기대에 부응하기는 어렵지만, 전체 최적 안에서 직원들의 기대와 비용이 균형을 이루는 선에서 최선의 대책을 찾아낸다. 이후 이용실적이 없는 대책은 전체 최적도 아니고 합리적이지도 않다고 판단해 폐지한다.

예컨대 레저시설 이용제는 거의 사용되지 않아 폐지했고, 그 대신 무료 자판기를 설치했다. 반면, 생애주기별 이벤트 지원은 정비 중이다. 육아도우미 할인이용권, 정부 인가 어린이집의 경우 월 3만 엔 보조 등 아이를 키우면서도 일하기 좋은 환경을 조성하고 있다.

선배 직원과 식사하면 신입은 무료

직원들의 평판이 좋은 제도로는 '웰컴맨스'가 있다. 입사 후 한 달간 신입사원이 선배 직원과 점심을 먹으러 가면 횟수 제한 없이 무료로 식사할 수 있는 제도다. 무료 식사를 약속함으로써 교류를 늘리는 제도는 직접적인 효과도 크고 만족도도 높았다.

또 직원들 간 회식 비용도 지원하고 있다. 퇴근 후 술자리가 비용이 들지 않는 짧은 회식이라면 심리적 장벽이 낮아 참여율도 높아질 것으로 생각했기 때문이다. 점심시간이나 퇴근 후 회식은 상대의 인간적인 면모와 사고방식을 이해하는 기회가 될 수 있다.

서로에 대해 깊이 이해하고 있으면, 회의 때 상사가 호되게 지적하더라도 그의 인품과 사고방식, 업무 태도 등을 알고 있기 때문에 모를 때와는 다르게 대처할 수 있지 않을까? 이 역시 기대치와 만족도를 고려한 제도다.

5

당연한 일을
당연하게 하라

구글의 '20% 룰'이 주는 교훈

세상에는 해도 되는 실패와 하면 안 되는 실패가 있다. 나는 앞에서 여러 차례 '현상 유지는 후퇴'라고 이야기했다. 현상 유지에 만족하고 도망치려는 사람은 도전하지 않는다. 또 어떤 회사는 한 번만 실패해도 승진의 기회를 박탈하고 재기할 기회를 주지 않는다. 그런 회사에서는 실패하지 않는 방식이 옳은 방식으로 평가받는다.

실패하지 않는다는 것은 뒤집어 말해 도전한 횟수가 적다는 말이나 다름없다. 하지만 실패가 왜 나쁜가?

구글에는 한때 '20% 룰'이라는 제도가 있었다. 이는 '모든 직원은 근무 시간 중 20%를 자신이 하고 싶은 프로젝트에 써야 한다'라는 업무 규정이었다. 현재는 허가제로 바뀐 것 같은데, 예전에는 구글의 '혁신의 원천'이라고도 불렸다.

2009년에 출시된 '구글 웨이브(Google Wave)'라는 협업 플랫폼을 예로 들어보자. 이는 사용자 간 실시간 소통 시스템으로 커뮤니티 내에서 한 사용자가 메시지를 작성·편집하면 해당 내용이 다른 사용자에게도 실시간 반영되었다. 주고받은 이력은 기록으로 남으므로 하나의 문서를 공동으로 작성할 목적으로 이용할 수도 있었다.

그러나 이용자 수가 쉽게 늘지 않았다. 담당 팀은 계속 수정했지만, 1년 뒤 개발은 멈추었고 언론에서는 '실패'라는 혹평을 했다. 하지만 실패가 분명해진 덕에 쓸데없는 투자에는 제동이 걸렸고 손실은 최소한에 그쳤다. 또 프로젝트 실패 때문에 패자로 낙인찍힌 사람도 없었다.

웅장하고 새로운 프로젝트에 진심으로 임했던 직원 중에는 그 후 사내에서 대단한 활약을 펼친 사람도 있다고 한다. 구글 웨이브를 개발하는 과정에서 만들어진 기술은 훗날 Gmail 등에 응용되기도 했다. Gmail의 성공을 보면, 이전의 실패가 기업에 충분히 긍정적으로 작용함을 알 수 있다. 전력을 다한 도전 끝에

맛보는 실패는 학습으로 남는다.

실패의 책임도 상사에게 있지만, 애초에 도전할 환경을 조성하는 것도 상사의 임무다.

99.5%를 100%로 만들 때 중요한 점

그러나 부주의해서 저지른 실수는 원칙적으로 환영받지 못한다. 언론에 잘못된 출시일을 알리거나 계약서에 주소를 잘못 쓰는 등 조심하면 막을 수 있는 실수들은 방치하면 큰일로 번진다.

앤커재팬에는 과거에 발생한 실수에 대해 배우고 재발을 막는 연수 프로그램이 있다. SNS 게시 오류, 가격 설정 오류, 계약서 오탈자, 출하 처리 실수 등에 관해 왜, 어떤 경위로 그런 일이 일어났는지를 공유하는 프로그램이다. 상사는 도전 후에 실패한 것이 단순히 부주의 때문인지 철저히 따져야 한다.

실패는 나쁜 것이 아니다. 오히려 도전하지 않거나 실수를 숨기는 죄가 무겁다.

100%를 달성하려 한다면, 당연한 일을 제대로 해야 한다. 99.5%를 100%로 끌어올리기는 어렵다. 모두가 힘을 합쳐 100%를 겨우 달성했다 하더라도 10%의 토대가 허술하다면 결국 90%밖에 안 되는 것이나 다름없다.

웹사이트의 사용 편의성을 올리려는데, 그 페이지가 오탈자투성이라면 좋은 평가를 받기 어렵지 않겠는가? 당연한 일을 당연하게 해낼 때 토대가 튼튼해지고, 결과도 확실해진다.

운을 살리기 위한 필수 조건

'하고 싶은 일을 하면서 살기'라는 유행어가 있다. 원래는 유튜브가 광고 제작에 사용한 카피였다. 이 말을 '좋아하는 일을 해야 즐겁게 생계를 해결할 수 있다'라고 해석하는 사람이 있는데, 나는 조금 다르게 생각한다.

'좋아하는 일을 하면서 생계를 해결하려고 필사적으로 노력해야 한다. 그런 상태에서 운이 따르고 타고난 재능이 있으면 실현 가능성은 더 커진다.' **좋아하는 일을 파고든다는 것은 다른 일, 다른 공부를 하는 것보다 훨씬 힘든 일이다.**

20년 전, 나는 아무것도 내세울 것 없는 15세 학생이었다. 10년 전에는 25세의 3년 차 직장인이었고, 지금은 35세의 외국계 기업 일본 법인 대표다. 내 경우는 실력이 좋았다기보다 운이 따랐기 때문이다.

사람이 '할 수 있다'라고 다짐하면 100%는 아니라도 어느 정도 해낼 수는 있다. 그러나 '할 수 없다'라고 생각하면 절대 해낼 수 없다. 비록 착각일지라도 '할 수 있다'라고 믿고, 열심히 하다 보면 착각이 현실이 될 때도 있다.

나는 지금의 일을 할 수 있어서 기쁘다. 그런데 지금의 나를 만들 수 있었던 이유는 과거의 내가 지금의 나를 목표로 삼았기 때문이다.

작가 모리카와 조지의 열혈 권투 만화 『더 파이팅』에는

"노력한다고 모두 보상받는 것은 아니다. 하지만! 성공한 자는 모두 노력한다!!"

라는 유명한 대사가 나온다. 이거야말로 일이나 스포츠에 모두 적용되는 말이다.

타자석에 선 타자는 아무리 좋은 공이 들어와도 방망이를 휘두를 실력이 없다면 절대 기회를 살릴 수 없다. 성공하려면 **운과 타고난 재능도 필요하지만, 평소 노력을 통해 얻은 자신감과 실력이야 말로 꼭 필요하다.**

제 6 장

게으름
피우는
습관

1

책상 앞 붙박이가
되면 안 된다

게을러야 얻어지는 것

일의 생산성을 높이려면 적당히 게으름도 피워야 한다. 이렇게 말하면 앞에서 강조했던 내용과 모순된다고 생각할 사람도 많을 것이다. 하지만 제6장이야말로 '1위 사고'를 실천할 때 **간과하기 쉬운 지극히 중요한** 내용이다.

일에만 집중하는 것도 좋지 않다. 틈틈이 헬스장에 가 운동을 하거나, 카페에서 커피를 마시거나, 산책만 해도 기분 좋게 일할 수 있다. 휴식을 취하면 아이디어도 잘 떠오른다.

생산성은 오히려 적당히 게으름을 피울 때 올라간다. **책상 앞에 붙박이처럼 앉아 있는 사람이 늘 뛰어난 성과를 거두는 것은 아니다.**

앞서 언급했듯이 나는 대학 입시에 실패한 경험이 있다. 그때는 무조건 공부하는 시간만 길면 된다고 생각했다. 공부한 시간만 따지면 합격자 평균보다 훨씬 많았을 것이다.

하지만 '내가 왜 공부하는지', '대학에 가서 무엇을 하고 싶은지' 등 공부의 목적은 별로 생각하지 않았다. 더구나 '어디서부터 어떻게 공부해야 합격할 가능성이 커질지'에 관한 가설을 세운 적도 없고 공부법도 개선하지 않았다.

엉덩이로 버티는 힘은 누구보다 강했지만, 합격하겠다는 열망은 그에 비해 약했으니 결과가 나오지 않는 것은 당연했다. '성과의 공식'을 가지고 말하자면, 나에게는 '미션 × 가치' 부분이 없었다. 그저 질 낮은 상태로 시간, 즉 양만 늘리면서 전력 질주했던 것 같다.

성과의 공식

$$성과 = \{ 인풋 \times 사고\ 횟수 \times 시도\ 횟수 \div 시간 \} \times \{ 미션 \times 가치 \}$$
$$= \{\quad 질 \quad \times \quad 양 \quad \div 시간 \} \times \{ 미션 \times 가치 \}$$

'열심히 한 듯한 느낌'을 경계하라

공부뿐 아니라 일도 마찬가지다. **얼마나 오래 일했는지는 중요하지 않다.** '성과의 공식'에서도 '인풋 × 사고 횟수'가 나타내는 '질'과 시행 횟수가 나타내는 '양'이 중요하며, 그때 걸리는 시간은 가급적 짧아야 좋다.

남보다 속도가 느리다면 속도의 차이를 메우는 시간에는 의미가 있지만, 생산성이 낮은 상태로 무조건 오래만 일하는 것은 의미가 없다. 물론 야근 수당을 챙기려고 아웃풋이 없는데도 자리를 지키고 앉아 있는 사람은 논외다.

기업 중에는 성과가 낮은데 열심히 일한 듯한 느낌을 주는 직원에게 높은 근무 평가 점수를 주는 곳도 있다. 하지만 일은 적게 하면서도 높은 성과를 내는 사람이, 기업 성장에 대한 기여도가 높으니 그런 사람을 더 높이 평가해야 한다.

효율이 떨어지는데 시간만 오래 쓰면서 '열심히 일한 듯한 느낌'만 주는 사람에게는 상사의 지도가 필요하다. 직원들의 근무 성과와 효율을 개선하기 위해서도 상사는 그 점을 확인해야 한다. 왜냐하면 리더의 업무 성과에는 팀 전체의 성과가 포함되기 때문이다.

이렇게 개인의 성과가 팀, 부서, 나아가 기업 전체의 성과로 이어지는 점을 고려해 개인의 성과를 개선하고자 노력한다면, 결과적으로는 해당 기업에 대한 외부 평가까지 향상되는 결실을 볼 수 있을 것이다.

재택근무에 대한 원격 감시는 한심한 짓

코로나로 재택근무가 늘면서 기업들이 재택근무를 원격으로 감시할 툴을 도입하는 방안을 검토 중이라는 뉴스가 있었다. 나는 이를 지극히 한심한 짓이라고 생각한다.

성악설에 치우친 관점으로 직원들을 관리, 감독한다면 장점보다 단점이 훨씬 커진다. 애초에 회사가 직원을 믿지 못하면 직원들도 회사를 믿지 못하게 될 것이며 결국 불만이 생길 수밖에 없다. 그런 상태에서는 성과가 아니라 책상 앞에 앉아 있는 행위가 목적이 된다.

다시 한번 강조하지만, **일을 했으면 성과를 내야 한다. 그리고 기업은 그럴 수 있는 환경을 제공해야 한다.**

성과가 잘 나온다면, 재택근무 중에 영화나 음악을 튼다고 문제 삼아서는 안 된다. 회의가 없을 때 헬스장에서 운동하고 와서 재충전한 뒤에 책상 앞에 앉아도 문제 삼지 말아야 한다. 일이든 공부든 책상 앞에 붙박이로 앉아 있기만 하면, '열심히 일한 듯한 느낌'만 줄 뿐이다.

열심히 해야 성과가 나겠지만, 열심히 하는 것이 전부여서는 안 된다.

밤하늘의 별을 보고 자기 위치를 점검하라

성과를 거두려면 목표를 잊지 않아야 한다. '성과의 공식'에서 주목할 점은 '인풋 × 사고 횟수 × 시행 횟수 ÷ 시간'이라는 성과를 올리는 방법에 '미션 × 가치'라는 방향성이 곱해져 있다는 사실이다. 게으름 피운 시간, 긴장을 풀고 재충전한 시간은 목표를 확인하는 데 쓰기를 권한다.

나는 왜 일하는가? 지금 하는 일을 통해 나는 내 목표에 어떻게 다가갈 수 있는가? 어두운 숲속을 달리다 보면 북쪽으로 가고 싶은데 남쪽으로 달릴 때도 많다. 그러니 멈추어 서서 밤하늘의 별을 보고 내가 나아갈 방향을 확인해야 한다.

일뿐만 아니라 인생도 마찬가지다. 이루고 싶은 자기 모습을 실현할 행동을 하고 있는지 정기적으로 되돌아보는 시간을 만들어야 한다.

바쁘면 사고가 멈춘다. 눈앞에 벌어진 문제만 바라보면 아무래도 그 문제를 해결하는 데 시간과 노력을 집중하게 된다. 물론 그 순간에는 집중해야 하겠지만, **적당히 게으름 피우면서 한 발짝**

물러나 '지금, 나는, 정말 가고 싶은 길을 가고 있는지'를 따져보자.

난관에 부딪혀 쉽게 포기하고 작심삼일로 끝나는 사람 중에는 정말 하고 싶은 일에서 멀어진 사람도 많다. 지금 하는 일에 대한 '열의'가 부족해서다. 적당히 게으름 피우면서 새처럼 높은 곳에서 자기 자신을 내려다보며 진정한 내면의 목소리에 귀 기울이길 바란다.

일주일에 하루는 '노미팅데이'

'바쁠 망(忙)'이라는 한자는 '마음 심 변(忄)'에 '잃을 망(亡)'을 쓴다. 이 한자가 보여주듯 매일의 업무에 쫓기다 보면 시야가 좁아지기 쉽다. 특히 제1장 '전체 최적의 습관', 제2장 '가치를 창출하는 습관' 등을 잃기 쉽다. 눈앞의 100만 엔짜리 일에 정신이 팔려 미래의 1억 엔짜리 일을 깨닫지 못하는 것이다.

가령, 점유율 1위를 차지한 마이크로 USB 케이블의 매출을 늘리는 데 정신이 팔려 USB 타입 C 시장 진출이 늦어진다면 그 얼마나 큰 손해인가? '케이블 매출 증대'라는 더 큰 관점에서 생각하면, 마이크로 USB 케이블의 매출은 인수분해 한 일개 요소에 불과하다. 그런데도 그것만 고집한다면 거시적인 관점을 잃었다고 할 수 있다.

나는 정기적으로 중심을 다잡고 재점검하는 시간을 갖는다. 일례로 수요일은 미팅이 없는 날이다. 과거에는 월요일부터 금요일까지 하루에 10여 개의 회의와 면접을 빽빽하게 채우기도 했다. 그러나 그런 식으로 계속하면 단기적인 아웃풋은 높일 수 있어도 중장기 성과는 떨어지리라 판단했다. 그래서 직원들과 상의해 '수요일은 노미팅데이'로 정했다.

여백을 만들고 나니 경영자로서 중장기적인 관점을 가질 수 있었다. 마음에 여유도 생기고, 집중해서 공부하는 시간도 생겼으며, 사외의 여러 사람을 만날 수도 있었다.

앤커재팬이라는 좁은 틀에서 벗어나 경영, 경제 등 조금 큰 주제의 이야기를 나누다 보면, 앤커재팬의 미래가 새롭게 다가온다. 행사에 가서 새로운 조류를 깨닫고 언러닝과 러닝의 필요성을 깨닫기도 한다.

경영자에게 단기적인 매출은 중요하다. 하지만 중장기적인 회사의 성장은 더 중요하다. 수확만 하고 씨를 뿌리지 않는 회사는 지속 가능한 회사가 아니다.

단기적인 관점에서 **노미팅데이를 설정하는 행위는 비합리적이지만, 중장기적인 관점에서는 합리적**이다. 여기에도 '비합리의 합리'를 적용할 수 있는 것이다.

아이디어가 번뜩이는 순간

긴장이 풀리면 다양한 아이디어가 떠오른다. 나는 경영자이기 때문에 '어떻게 하면 매출과 이익을 늘릴 수 있을지'를 늘 생각하는데, 구체적인 아이디어는 언제나 게으름을 피울 때 떠오른다.

근력운동을 하거나 샤워 중에 반짝 떠오를 때도 많은데, 그럴 때는 스마트폰에 메모해두기도 한다. 시간이 지나면 머릿속에서 다양한 정보가 정리되어 더 좋은 아이디어로 변하기도 한다.

게으름을 피우면 머릿속이 적절히 재충전된다. 재충전한 상태에서는 사고가 유연해지고 정보가 제자리를 찾아 구조를 형성하기 좋다. 이럴 때 여러 정보는 유기적으로 연결되어 전체 최적을 떠올리기 쉬워진다. 장기 시합을 보면 타이틀전 등 긴 대국을 할 때는 시합 도중에 기사가 잠시 자리를 비우기도 한다.

그때 기사들은 시합장 내 소파에 걸터앉아 눈을 감고 있거나 복도와 계단을 걸어 다닌다. 장기판을 노려보는 것이 아니라 그 자리를 벗어남으로써 새로운 착상을 얻기도 하는 것이다.

뇌의 피로를 풀어주는 '일곱 시간' 수면

컨설턴트 시절에는 매일 밤늦게까지 일했다. 일하는 시간은 그때가 길었지만, 뇌의 피로는 경영자인 지금이 더 심하다. 그 이유는 머리를 쓰는 방법이 다르기 때문일 것이다.

컨설턴트 시절에는 한 번에 맡아 진행하는 프로젝트가 기본적으로 한두 개에 불과한데다가 내 역할이 정해져 있었다. 제안서나 자료를 만들 때도 매니저와 방향성을 상의한 뒤, 파워포인트나 엑셀로 작업하는 시간이 많았다. 무엇보다 고객에게 보이기 전에는 반드시 상사에게 결재를 받았다.

하지만 지금은 내 일을 세세하게 살펴주는 사람이 없다. 매출과 이익을 달성하기 위해 어떤 일을 해야 하고, 누구에게 그 일을 맡길지를 스스로 생각해야 한다.

판단이 잘못되면 실적이 나빠질 수 있고, 최악의 경우 직원들의 삶에도 영향을 준다. 직원 뒤에는 그들의 가족이 있다. 책임이 따르는 판단을 한다는 것은 머리를 많이 쓴다는 뜻이므로, 피로가 다른 양태로 나타나는 것이다.

그래서 컨설턴트 시절에는 매일 네 시간만 자고도 견뎠지만, 지금은 가급적 수면 시간을 일곱 시간 확보하려 한다.

매일 여덟 시간 잔다는 제프 베이조스의 고백

나뿐만 아니라 경영자는 대부분 수면을 중시한다. 아마존의 창업자 제프 베이조스는 자서전 『발명과 방황』에서 이렇게 밝혔다.

'여덟 시간 수면을 지킨다. 시차가 발생하는 곳에 갈 때가 아니라면 늘 수면을 우선시한다. 여덟 시간씩 못 잘 때도 있는데, 이에 대해서는 상당히 신경을 쓴다. 나는 그 정도는 자야 하는 사람이니까 말이다. 잠을 잘 자면 생각도 잘 된다. 기운도 나고 기분도 좋아진다.'

'네 시간만 잔다고 해보자. 그러면 네 시간의 이른바 '생산적인' 시간이 늘어난다. 그전까지 하루 열두 시간 일했다고 하면 갑자기 네 시간이 새로 생겨서 열여섯 시간은 일할 수 있게 된다. 결정을 내릴 수 있는 시간이 33% 늘어나는 셈이다. 그전에 내린 결정의 수가 100건이라면 결정을 33건 더 내릴 수 있다.

하지만 피로에 지쳐 결정의 질이 떨어진다면 그 시간은 정말 가치 있는 시간일까?'

베이조스는 잠자는 시간을 제대로 확보함으로써 판단의 질을 유지하려 했다.

잠이 모자라면 피로가 쌓이기 쉽고 판단력이 떨어진다. 나도 경영자로서 늘 냉철한 판단을 할 수 있도록 머릿속을 활기차게 유지하는 데 주의를 기울인다. 수면은 '성과의 공식' 속 '인풋 × 사고 횟수 × 시행 횟수 ÷ 시간'을 만들어내는 원천이다.

머리는 필요조건, 체력은 충분조건

아무리 머리가 좋아도 일을 하지 않으면 성과를 낼 수 없다. '인 풋 × 사고 횟수'가 많아도 '시행 횟수'가 0이면 표면적으로 아 무 일도 일어나지 않는다.

실제로 손을 움직여 분석하거나 발을 움직여 현장에 가야 제대로 일 할 수 있다. 시행 횟수를 늘리려면 체력이 필요하다. 건강은 그 무엇보 다 중요하다. 건강을 잃으면 모든 것을 잃는다.

열이 나면 일에 집중할 수 없고, 부상으로 입원하면 그동안 아 무것도 할 수 없지 않은가? 아무리 뛰어난 사람도 병석에 누워 서는 아무것도 할 수 없다.

내가 중고등학교 때 장기부 활동을 했다고 이야기했는데, 고등 학교 때는 풋살부 활동도 겸했다. 미국 대학에는 풋살부가 없어 선배와 같이 만들어 활동한 기억이 있다. 사실 축구부는 있었지 만, 매일 강도 높은 훈련을 해야 했다.

하지만 나에게는 영어 실력 향상은 물론이고 유학 중에는 필 사적으로 공부하겠다는 목표가 있었다. 그래서 운동 부족만 해 소할 생각으로 금요일과 토요일 밤에 한해 느슨하게 즐길 만한 모임을 만든 것이었다.

요즘은 풋살을 할 기회는 별로 없고, 그 대신 근력운동을 한다. 근력운동은 성취감을 얻기 쉽고 스트레스도 해소되기 때문에 몸과 마음을 관리할 목적으로 즐기는 사람이 많다. 건강을 관리할 수 있다면 그 방법은 무엇이든 좋다. 체력이 떨어지고 건강이 나빠지면 '성과의 공식'의 전제가 깨지기 때문에 그렇게 되지 않도록 조심하는 것이 당연하고도 중요하다.

2

게으름을 피워
얻어지는 결과도 있다

머리가 좋은 것과
결과를 끌어내는 힘은 별개다

머리는 좋은데 결과를 내지 못하는 사람이 있다. 똑똑한 것과 결과를
끌어내는 힘은 다르기 때문이다.

IQ가 높다고 모두 명문대에 합격하거나 글로벌 기업에서 성과
를 내는 것은 아니다. 오히려 공부는 못했는데 계속 노력해 결과
를 내는 사람도 있다.

제5장에서 언급한 대로 그 둘은 '해내는 힘'에서 차이가 난다.
동화 '토끼와 거북이'를 보면 승자는 거북이다. 타고난 재능보다
지속적인 노력이 주효했기 때문이다.

근력운동도 좋은 예다. 운동을 2주만 쉬어도 근력은 20% 떨어진다고 한다. 선천적으로 근육이 붙기 쉬운 사람은 있어도 근력운동 없이 벤치프레스 100kg을 들 수 있는 사람은 드물다. 세상에는 편하게 일하는 방법도, 손쉽게 영어의 달인이 되는 방법도, 애쓰지 않고 근육을 만들 방법도 존재하지 않는다.

비효율적인 노력이 시간 낭비인 것은 맞지만, 지름길만 너무 찾아다니는 것도 시간 낭비다. '효율을 올릴 비법'만 찾다가는 세월을 허비할 수 있다. **방향성을 정한 뒤, 우직하게 양으로 밀어붙여야 목적지에 빨리 도달할 수 있다.**

물론 결과가 나오지 않을 수는 있다. 또 결과에 실망해 포기할 수도 있다.

'해내는 힘'과 게으름 피우기의 상관관계

그래서 무언가를 지속하려면 적당히 게으름도 피울 줄 알아야 한다는 말이다. **'해내는 힘'과 게으름 피우기는 정반대 개념이 아니다. 오히려 밀접한 상관관계에 있다.**

목표 달성에 필요한 조건 중에는 잠과 휴식이 포함된다. 그래야 컨디션이 좋아진다.

앤커재팬은 100% 탄력근무제와 재택근무를 도입함으로써 생산성이 올랐다고 보고 있다. 근무 방식을 유연하게 함으로써 직원들 마음에 여유가 생겼기 때문이다. '잠깐의 낮잠', '일을 손에서 놓고 마시는 커피 한 잔' 등 시간을 여유롭게 쓰는 방법은 다양하지만, 결과를 내려는 의식이 강해진 덕에 성과가 떨어지지 않았다.

일본 장기 기사 하부 요시하루 씨는 집중력을 높이기 위해 대국 전에는 반드시 머리를 쉴 수 있게 한다. 머릿속을 비워 멍하게 있을 수 있는 공백의 시간을 만드는 것이다. 그 덕에 실제 대국에서 엄청난 집중력을 발휘할 수 있는 것이 아닐까?

목표가 너무 높아 계속할 수 없을 때는?

목표를 너무 높이 설정한 탓에 도전을 지속하기 어려울 때가 있다. 이럴 때는 '기존에 하던 것보다 아주 조금만 더'라고 목표를 낮추어야 한다.

2009년에 발표된 의학잡지 〈European Journal of Social Psychology(유럽 사회심리학 저널)〉에는 인간의 습관에 관한 연구에 '평균 66일'이라는 숫자가 등장한다.

런던대학교 필리파 랠리 박사팀이 연구한 내용이다. 연구팀은 21~45세의 학생 96명을 대상으로 84일 동안 하루에 한 번씩 특정 행동을 반복해 그것이 어떻게 습관으로 굳어지는지를 조사했다. 그 결과, 습관이 생기기까지는 **최소 18일, 최대 254일, 평균 66일**이 걸린 것으로 나타났다.

그럼 어떤 행동이 단시간에 습관으로 자리 잡았고, 어떤 행동이 습관화하기 어려웠을까? 조사에 따르면, '점심 식사와 함께 물 한 병 마시기' 등 간단한 행동은 빠르게 습관화했고, '아침 커피를 마신 뒤 복근운동 50회 하기' 등 난도 높은 행동은 습관화에 시간이 걸린 것으로 나타났다.

'작은 성공 체험의 축적' 부분에서도 말했지만, 중요한 것은 작은 목표부터 달성하는 것이다. 근력운동도 처음에는 힘들지만, 근육이 조금 붙거나 바벨 무게가 40kg 늘어나는 등 작은 성공을 체험하고 나면 그때부터는 재미를 느끼면서 도전할 수 있게 된다. 근력운동을 한 날, '모처럼 운동도 했으니 오늘은 식단도 탄수화물을 자제하고 단백질 위주로 먹자'라고 결심한 적이 있을 것이다.

그렇게 **아무리 작은 일이더라도 자신을 칭찬해주면 계속해나갈 힘이 몰라보게 커진다.**

단순한 '습관의 공식'

'성과의 공식'뿐만 아니라 '습관의 공식'도 있다. **'목적 × 아주 사소한 반복'**이다.

습관 = 목적 × 아주 사소한 반복

그러니 큰 그림을 그리는 동시에 작은 성공 체험을 쌓아야 한다. 만약 매일 할 수 있는 작은 목표를 설정했는데도 계속할 수 없다면, 큰 그림에 문제가 있거나 큰 그림을 진심으로 완성하고 싶지 않을 가능성이 있다. 또 큰 그림이 그려지고 있는데도 계속할 수 없다면, 작은 목표가 실제 작지 않은 탓일 수도 있다.

중요한 것은 제4장에서 설명한 '인수분해 습관'이다. 나누는 것은 아는 것이고 알면 대책을 세울 수 있다.

우리는 전 제품의 점유율 1위를 목표로 해왔다. 그러나 시장 경쟁은 치열하므로, 하루아침에 이룰 수 있는 일이 아니었다. 제4장의 '4P'를 이용해 아주 작은 대책을 만늘었고, 각 개인이 적절히 게으름을 피우면서 계속 도전했다. 그 결과, 카테고리 대부분에서 수량 점유율 1위를 차지할 수 있었다.

나도 34세에 외국계 기업의 일본인 대표가 될 수 있었다. 앤커재팬과 내가 각기 큰 그림을 그린 뒤, 작은 대책을 우직하게 실행했기 때문에 이룬 결과라고 생각한다.

'프롤로그'에서 언급했듯 **누구나 1위를 목표로 삼고 이룰 수 있다.** '전에는 못할 것 같았지만, 나도 한번 해보자!'라는 생각이 드는 분이 있다면, 필자로서는 그보다 더 행복한 일이 없겠다. '1위 사고', 그리고 그것을 구성하는 '여섯 가지 습관'의 극히 일부라도 독자 여러분에게 참고가 되면 기쁘겠다.

에필로그

끝까지 읽어주신 분들께 마지막 인사를 드린다.

인생은 역전의 연속이다. 초등학교 때 1등을 했던 사람이 중학교, 고등학교, 대학교, 그리고 사회에 나가서까지 1등을 유지하기는 쉽지 않다. 매우 드문 일이라고 해야 옳을 것이다.

나를 가리켜 '또래 중에서는 비교적 성공한 사람'이라고 하는 사람들이 있지만, 중고등학교 시절에는 모든 부문에서 단 한 번도 1등을 한 적이 없었고, 대입 때도 1지망 학교에 떨어졌다.

늦게 시작해도 1위를 할 수 있다.

이 생각이야말로 내가 이 책을 쓰려고 생각한 출발점이다. 멀리 돌아가는 것처럼 보이겠지만, 경쟁자에게 없는 기술을 익히면 한발 앞서 나갈 수 있다.

자신에게 부족한 점을 객관적으로 바라보며 배우고 익히면, 언뜻 멀리 돌아가는 것처럼 보여도 사실은 그 길이 지름길일 가능성이 높다. 눈앞에 놓인 선택지에 구애받지 않고, 커리어를 선택하면서 배우며 몇 년 뒤의 자신을 만들어 나가야 한다. 2, 3년 정도 모험하고 도전하는 것을 리스크로 여겨서는 안 된다.

나는 스물일곱에 앤커재팬에 입사했다. 컨설팅사, 펀드사에서 잘 나가다가 당시 전혀 알려지지 않은 외국계 제조사로 옮긴 것이었다. '험난한 길을 선택한 것'이라고 평가하는 사람도 있었을 것이다.

하지만 나는 '만약 잘못되어도 고작 30대다. 얼마든지 다시 시작할 수 있다. 이건 오히려 내 커리어를 만들 흔치 않은 기회다!'라고 판단했다.

이 책을 읽고 '1위 사고'와 '여섯 가지 습관'을 익히면 여러분의 생각도 바꿀 수 있다.

성과 = { 인풋 × 사고 횟수 × 시도 횟수 ÷ 시간 } × { 미션 × 가치 }

= { 질 × 양 ÷ 시간 } × { 미션 × 가치 }

본문에서 여러 번 강조한 '성과의 공식'을 머릿속에 새기고 '나는 몇 년 후 어떤 모습일까?' '그 모습을 이루기 위해 지금 무엇을 해야 할까?' 를 생각하고 실행하자. 그렇게 해서 성장의 선순환 속으로 뛰어들어야 한다.

도전을 시작할 때 너무 늦었다고 말하지 말자. 나는 언러닝과 러닝을 반복하면 나이가 들어서도 성장할 수 있다고 굳게 믿는다.

〈하버드 비즈니스 리뷰〉가 미국 인구조사국 데이터로 조사한 바에 따르면, 창업 5년 후 성장률 상위 0.1%에 든 스타트업 창업자의 창업 시 평균 연령은 45세였다.* 50대 이후에 성공한 경영

---

* https://hbr.org/2018/07/research-the-average-age-of-a-successful-startup-founder-is-45

자도 많다.

커넬 샌더스(1890~1980)는 65세 때 KFC를 창업했고, 레이 크록(1902~1984)이 맥도날드 형제가 시작한 햄버거 가게의 프랜차이즈 권을 인수한 것은 52세 때였다.

이 책『1위 사고』가 독자들의 삶을 풍요롭고, 긍정적으로 변화시키는 데 작은 도움이라도 줄 수 있으면 좋겠다.

책을 읽고, 조금이라도 '1위 사고' 또는 '여섯 가지 습관'을 실천할 마음이 생긴 분이나 이미 실천하신 분은 꼭 의견과 감상을 보내주시면 좋겠다.

필자는 비즈니스를 하면서 더 구체적으로 '1위 사고'를 실천하고 싶은 분들을 위해 상담에도 응하고 있다.

▶ [연락처] mail@endoayumu.com

마지막으로 이 책을 집필하면서 많은 분의 도움을 받았다. 기획안부터 편집까지 담당해주신 다이아몬드사의 데라다 요지 씨, 편집을 도와주신 하시모토 준지 씨, 장정 담당 야마카게 마나 씨, 본문 디자인과 DTP를 맡아주신 요시무라 도모코 씨, 교정 담당 가토 요시히로 씨와 미야카와 사키 씨에게 감사의 인사를 전한다.

그리고 나와 함께 늘 열심히 일해주는 앤커의 직원들과 평소 응원해주시는 모든 분께 감사드린다. 지금의 내가 존재할 수 있는 것, 그리고 이 책을 출판할 수 있었던 것은 진심으로 여러분의 덕이다.

엔도 아유무

권말 특별부록

면접에 통과하는
열 가지 조언

제2장 '가치를 창출하는 습관'에서는 '자신의 가치를 높이는 방법'을 소개했다. 그런데 진심으로 해보고 싶은 일이 아니라면 지속해서 동기를 부여하기 어려울 수도 있다.

마지막으로 특별부록에서는 독자 여러분이 원하는 포지션을 쟁취하고자 신입 또는 경력 채용 면접 자리에 갔을 때 자신의 가치를 알릴 수 있는 열 가지 비결을 소개한다.

이는 필자가 취업 준비생일 때 염두에 두었던 내용으로 당시 지원한 기업은 몇 군데 되지 않았으나 모두 합격 내정이라는 결과를 얻을 수 있었던 비결이다.

또 최근 몇 년 동안은 앤커재팬의 대표로서 매년 100명 이상 채용 면접을 보는데, 경영자 시선에서 봐도 이 열 가지 조항을 실천하는 사람은 어떤 업종이든 채용 시험을 통과할 수 있을 것으로 생각한다.

자신의 가치를 최대한 전달하는 무기로 삼기를 권한다.

다섯 가지 입사지원서·이력서 작성법

1. 자신이 무엇을 하고 싶은지부터 파악하라

구체적인 기업명을 떠올리기 전에 자신이 지금 무엇을 하고 싶은지, 몇 년 후 어떻게 되고 싶은지를 생각해야 한다. 미래를 확정할 필요는 없으니 자신의 희망을 이룰 수 있을 것으로 생각되는 업계나 업종을 추려보라. 기업의 어떤 점을 중시할지는 사람마다 다르겠지만, 기업 문화 등을 보고 판단하는 것도 좋다.

2. 중요 기업은 철저하게 조사하라

검토한 기업의 웹사이트는 물론 해당 기업이 상장사라면 유가증권 보고서 등 투자자를 위한 자료도 읽어두면 좋다. 그러면 면접에 훨씬 깊이 있는 대답을 준비할 수 있다. 또 상세한 조사를 통해 지원 기업과 자기 관심사의 괴리도 줄일 수 있다.

3. 입사지원서를 너무 많이 제출하면 안 된다

자기 자신을 파악하고 기업을 조사하는 데는 의외로 많은 시간이 걸린다. 따라서 지원할 기업 수가 너무 많아지지 않도록 한다. 여기저기 지원하는 일이야 누구든 할 수 있지만, 합격률을 높이는 노력은 아무나 할 수 없다. 바로 이 점이 경쟁자와의 차별화를 노릴 지점이다. 지원한 기업에 전력을 쏟아 준비해야 효율도 높아지고, 도전에 후회가 없다.

4. 자신만의 강점을 부각하라

'아르바이트 조 조장' 등 누구에게나 있을 법한 경험은 써본들 헛수고다. 면접관은 그런 내용을 너무 많이 봤기 때문에 아무런 도움이 되지 않는다. 오히려 어떤 분야, 규모에서든 다소 어려운 일을 성취한 실적이나 다른 사람에게 없는 경험을 강조해야, 난관에 대처할 수 있는 사람이라는 인상을 줄 수 있다.

또 면접관은 기존 업무 사이에 면접 업무를 하는 것이므로 매우 바쁘다는 사실을 기억하자. 하나부터 열까지 상세하게 기술하지 말고, 필요한 부분이 충분히 기재되었는지를 확인해야 한다.

5. 오자·탈자는 절대 금물

오자나 탈자가 있으면 간단한 일도 못하는 사람으로 보인다. 설사 뛰어

난 실적이 있어도 그런 실수가 여럿 있으면 그 사실만으로 불합격될 수

있다.

제출 서류는 제출 전에 철저히 재검토하자. 일단 당연한 것을 당연하

게 해야 한다. 쉬운 일도 못하는 사람에게 어려운 일을 맡기는 사람은

없다.

다섯 가지 면접 대비책

1. '자신감'을 가지고 임하라

면접은 내용도 중요하지만, 태도나 분위기도 그 못지않게 중요하다.

'나만큼 뛰어난 인재를 떨어뜨리면 후회할 겁니다!' 하는 자신감으로 밀

어붙여야 한다. 자신감을 드러내지 못하면 연약한 인상을 주므로 좋을

게 없다. (물론 잘난 척해서는 안 된다.)

지원자들은 모두 같은 상황에 직면한다. 일단은 자신감으로 무장해

야 한다.

2. 처음 5분이 중요하다! 눈을 보고 활기차게 말하자

첫인상이 매우 중요하다. 사실 5분 안에 합격 여부가 결정된다고 봐도

무방하다. 면접관은 지원자의 능력을 묻기 전에 그가 자기 회사에 어울리는 사람인지 아닌지를 감으로 알 수 있다. 면접 시간이 30분이라면 나머지 25분은 면접관이 자신의 감을 확인하는 시간에 불과하다.

물론 이야기를 주고받는 도중에 인상이 바뀔 수도 있다.

3. 면접관이 말하는 속도에 맞추어라

상대가 듣기 좋게 말하는 것도 내용만큼 중요하다. 특히 기업 임원들은 성질이 급한 사람이 많아서 말이 빠른 경우가 많은데, 그럴 때는 지원자도 평소보다 빠르게 말하는 편이 좋다.

반대 상황도 마찬가지다.

4. 선배들의 의견을 참고하라

면접관 중에는 '그런 건 다른 회사에서도 할 수 있겠네요' 등 압박 면접을 하는 사람이 있다. 이럴 때를 대비해 선배를 찾아가 조언을 들어두는 것이 좋다. 그 회사에서 일하는 선배의 의견을 바탕으로 지원 이유나 하고 싶은 일에 대한 답변을 준비하면 설득력이 높아진다. 질문이 합리적이지 않더라도 그럴싸한 답변을 준비할 수 있다.

아쉽게도 면접관의 수준은 제각각이다. 그러나 지원자의 목표는 일단 면접을 통과하는 것이다. 그들의 기대치가 무엇인지, 어떻게 하면 그 기대치에 다가갈 수 있을지를 염두에 두고 면접에 임하자.

5. '궁금한 점 있습니까?' 할 때 반드시 질문하라

질문할 기회를 주는데도 지원자가 질문하지 않으면 그것만으로도 관

심이 없다고 생각할 수 있다. 1차 면접에서 업무 내용 등에 대해 이해

했더라도, 2차 면접 때 면접관이 바뀌면 추가로 얻을 수 있는 정보가

있을 테니 반드시 질문하도록 한다.

설사 같은 질문이라도 면접관의 직급이 다르면 새로운 답변을 들을

수 있고, 기업 문화에 관한 질문을 던져보면 직원 간 공통 인식이 있는

지도 확인할 수 있다.

참고문헌

▶ 羽生善治著『大局観─自分と闘って負けない心』(KADOKAWA)

▶ 金谷治訳注『論語』(岩波書店)

▶ D・カーネギー著、山口博訳『人を動かす【文庫版】』(創元社)

▶ 内田和成著『仮説思考─BCG流 問題発見・解決の発想法』(東洋経済新報社)

▶ 安宅和人著『イシューからはじめよ─知的生産の「シンプルな本質」』(英治出版)

▶ アンジェラ・ダックワース著、神崎朗子訳『やり抜く力─人生のあらゆる成功を決める「究極の能力」を身
  につける』(ダイヤモンド社)

▶ 羽生善治著『直感力』(PHP研究所)

▶ 神谷哲史著、山口真編、立石浩一訳『神谷哲史作品集』(おりがみはうす)

▶ パティ・マッコード著、櫻井祐子訳『NETFLIXの最強人事戦略─自由と責任の文化を築く』(光文社)

▶ 三木谷浩史著『成功の法則92ヶ条』(幻冬舎)

▶ ジェフ・ベゾス著、ウォルター・アイザックソン序文、関美和訳『Invent & Wander─ジェフ・ベゾス
  Collected Writings』(ダイヤモンド社)